イエスと共に過ごす安息日

豊田信行［著］

いのちのことば社

まえがき

「安息日《あんそくにち》」の本を書くことほど、心探られることはありませんでした。なぜなら、ずっと「安息日」を覚えることに葛藤してきたからです。なぜ、休まずに働き続けてしまうのか。

『夫婦となる旅路』を執筆中、二度目となる椎間板ヘルニアを発症し、一週間寝たきり状態になりました。強い鎮痛剤を服用しても激痛で眠れない夜が続きました。しかし、昼間、ベッドの上で仰向けになったまま、左手でノートパソコンを顔の前まで持ち上げ、右手の指一本でタイプして原稿を書き続けました。妻が呆《あき》れて、「病気のときぐらい、静かに休んだら」と忠告してくれたのですが、「休んではいられない」との思いが強く、忠告を無視しました。使命感から働いているとの自負心（実は高ぶり）と、心のどこかで休むことを軽視していたのかもしれません。「なぜ、休むことがそんなに難しいのか」と心探られる日々が続いていました。

私が九歳のとき、伝道者だった父が山中での徹夜祈禱中に召されました。三十三歳の若さでした。二人の祖母、母、五人の息子が遺されました。父の死を「殉教の死」だと言ってくださる方々がいた反面、「無駄死」だったとの批判的な言葉があったことも後になって聞かされました。

二十代の前半、牧師を志すことを決意したとき、父を知る方から、「信行さんも、お父さんのように死に至るまで神様のために働かれるのですね」と言われました。その方は、父の死を殉教の死と考えていてくださったようでした。「死に至るまで」という言葉が心から離れなくなりました。また、父の死を無駄死と誰からも言われないためには、息子の自分が父の分まで生きることで、父の短い人生を肯定しようとしていたのです。「死に至るまで」は無理でも、「限界まで」「力尽きるまで」は自分自身をささげ尽くさなければと思うと、休むことに罪責感のようなものを感じました。

牧師になって十年目頃だったと思います。父の人生が「神の作品」、それも、神の最高傑作品だと素直に思えるようになりました。

　実に、私たちは神の作品であって、良い行いをするためにキリスト・イエスにあって造られたのです。神は、私たちが良い行いに歩むように、その良い行いをあらかじめ備えてくださいました。（エペソ２・10）

父の人生を肯定するために自分に鞭打つような生き方からは解放されました。しかし、今日に至っても心の葛藤がすべてなくなったわけではありません。ベッドの上で静かに寝ていられず、駆り立てられたのです。

私のような者が「安息日」の本を書くことはふさわしくないのではないかと何度も自問しました。しかし、次第に「安息日」の本を書くことは、神からの宿題ではないかと思い始めました。

本書は、著者の私自身がいまだ道半ばだということをご理解の上でお読みいただければ幸いです。そして、一人でも多くの方々と神の安息への旅路を共に歩ませていただければと願う次第です。

目次

序章

消耗感

「信仰生活に疲れた」という言葉をたびたび耳にします。しかし、これほど矛盾する告白もありません。イエスは、「すべて疲れた人、重荷を負っている人はわたしのもとに来なさい。わたしがあなたがたを休ませてあげます」（マタイ11・28）と休息へと招きます。キリスト者とはイエスにあって休息している人だと言えます。

「信仰生活の疲れ」とは、教会の奉仕や人間関係の軋轢《あつれき》による消耗感なのでしょう。律法的な福音理解も魂を消耗させます。また、キリスト教の信仰は人生の苦難や避けてきた問題と向き合うことを促します。聖書の「赦しなさい」との言葉を読むたびに心が重くなるかもしれません。

しかし、キリスト者は決して一人で問題に立ち向かうわけではありません。イエスは、「わたしのくびきは負いやすく、わたしの荷は軽いからです」（11・30）と言いました。イエスのくびきを負うことで、イエスと共に問題と向き合うので、重荷は「軽い荷」となります。信仰生活が孤軍奮闘から神との協働へと導かれると、「そうすれば、たましいに安らぎを得ます」（11・29）との約束が成就します。本書では安息日の今日的意味を探りながら、神との協働の歩みを深める助けになればと願っています。

第一章　安息日

重要な戒め

ある時、パリサイ派に属する律法の専門家がイエスを試すために、「先生、律法の中でどの戒めが一番重要ですか」（マタイ22・36）と尋ねました。イエスは、「『あなたは心を尽くし、いのちを尽くし、知性を尽くして、あなたの神、主を愛しなさい。』これが、重要な第一の戒めです。『あなたの隣人を自分自身のように愛しなさい』という第二の戒めも、それと同じように重要です」（22・37〜39）と答えました。イエスは十戒を、神を愛する「第一の戒め」（第一から第三戒）と隣人を愛する「第二の戒め」（第五戒から第十戒）に凝縮したのです。イエスは、「この二つの戒めに律法と預言者の全体がかかっているのです」（22・40）と、聖書全体の教えが神と人を愛することに要約されていると教えました。

ここで、一つの素朴な疑問が生まれます。第四戒、「安息日」の戒めはどこにいってしまったのでしょうか。新約の時代（新しい契約）には不要な戒めになったと考える人も少なくありません。

しかし、本当に第四戒は不要になったのでしょうか。答えは、「はい」であり、「いいえ」です。キリスト者は新しい契約のもとに生きているため、第四戒が古い契約のもとでユダヤ人に求めたこととは無関係です。例えば、「安息日には、あなたがたの住まいのどこであっても、火をたいてはならない」（出エジプト35・3）との戒めを守る必要はありません。しかし、「火をたいてはならない」との戒めの精神性は尊ぶべきです。火を焚《た》く行為は生産性と深く結びついています。安息日は生産性から離れ、魂と体を休息させることを命じているからです。キリスト者は安息日が約束する普遍的な休息にあずかるべきなのです。これは勧めではなく、命令です。

神学的解釈

十戒の中で第四戒の解釈ほど多岐にわたるものはありません。

「Perspective on the Sabbath: 4 Views」（安息日に関する四つの見解）は、神学的立場の異なる四人の神学者や牧師が安息日の今日的意味について主張し、互いの見解を承認、批判しています。セブンスデー・アドベンチスト教会のスキップ・マカティは、土曜日が安息日だと主張します。礼拝は土曜日に守られています。長老派のジョセフ・ピパは、イエスが復活された日曜日が主日（主の日）だと主張します。安息日が主日に置き換わったと考えます。ルーテル派のチャールズ・アランドは、安息日はユダヤ人の戒めであり、キリスト者とは無関係だと主張します。主日礼拝は初代教会時代からの慣習だと考えます。クレッグ・ブロムバーグはイエスが「律法」を成就されたので、イエスこそが「真の安息」となられたと主張します。安息日とは特定の曜日ではなく、イエスとの信頼関係だと考えます。

プロテスタントの教会の多くは、イエスが律法を成就されたので、古い契約に属する安息日の戒めからは解放されていると考えています。また、イエスの復活された週の初め、日曜日を主日とし、礼拝をささげることが「安息日を覚える」ことだとおおむね認識しています。四人は聖書に基づいて主張しているので、解釈の相違は平行線のままでしょう。ひとつ残念な点は、四人が安息日を神学的側面からしか取り上げず、キリスト者の霊性の側面には関心が払われていないことです。

身体の軽視

長い間、私自身、主日に礼拝をささげることが安息日を覚えることだと考えてきました。しかし、牧師になってしばらく経った頃から、「主日に礼拝をささげることが本当に安息日を覚えることなのか」と疑問を抱くようになりました。最初は神学的な疑問ではありませんでした。日曜日、大半の牧師は朝から晩まで緊張しています。前日の夜から緊張している人もいるかもしれません。私の場合、メンタルよりも体が緊張に過敏に反応します。空腹を覚えないのです。また、普段よりもアドレナリンが放出されるので、軽い興奮状態が続きます。牧師の間では、日曜日の夜は寝つきが悪いという話もよく耳にします。魂は神を礼拝し、喜びに満たされていても、体は緊張にさらされていて、休息しているとは言い難いのです。

『エクササイズ』の著者ジェームス・スミスは、「安息日を守るのに一週間のうちで一番ふさわしい曜日はあるか」との質問に対して、「私の考えではノーです。（中略）ある特定の曜日が正しい日だとは私は思いません」と回答しました。そして最後に、「牧師にとって日曜日は休息するのに最もふさわしくない日ですから」と付け加えています（『エクササイズⅡ』一一七頁）。彼の意見に私の体は「アーメン」と一〇〇パーセント同意するでしょう。

牧師が主日（礼拝奉仕を含む）を自分自身の安息日と捉えることほど、教会員、教会の霊性に負の影響を与えるものはありません。主日、私の魂は満たされても、緊張から体は疲れています。もし、このような状態を安息日の休息とみなすなら、体は置き去りになります。

本来、安息日は魂と体があらゆる緊張から離れることが求められています。古代ギリシアの哲学者プラトンの二元論の影響を強く受けたギリシア教父たちは体を軽視しました。キリスト教が熾烈《しれつ》な戦いを繰り広げた異端、グノーシス派も徹底的に体を蔑《さげす》みました。禁欲主義はその典型です。体の蔑視は安息日の軽視と同一視されるのです。安息日に断食が禁じられているのはそのためです。安息日は霊魂と体を再統合する日なのです。体が本来のあるべき立場を回復する日なのです。

贖罪日と違って、安息日は霊的目標だけに献げられているものではない。魂の日であると同時に身体の日でもあるのだ。心地良さと楽しみとは安息日遵守の欠くべからざる部分である。人間の全人格、全能力がその祝福にあずからなければならないのである。（A・J・ヘッシェル『シャバット』三三頁）

個人的な転機

霊性神学の第一人者、ダラス・ウィラードの著書との出会いによって、安息日に対する考え方が大きく変えられました。キリスト教霊性の視点から安息日を見つめ直すことができました。

人の生活の中で、「安息日」を実現することは、まさに神への賛美です。安息日は礼拝と切っても切れず、実際、純粋な礼拝こそ安息日の本質です。安息日を守るようにという十戒の第四戒は、その前の三つを実践することによって実現します。自分の世界と生活を完全に神にゆだね、そこから手を放してもいいと思えるほどに、思いと体において主が崇められているとき、私たちは喜んで「働かない」でいることができます。（ダラス・ウィラード『心の刷新を求めて』三二四頁）

ウィラードは、「純粋な礼拝こそ安息日の本質です」と教えています。安息日の本質が純粋な礼拝なら、新しい契約のもとで不要になるはずがありません。

ウィラードは、「働かないこと」が安息日の主たる目的ではなく、魂と体が安息で満たされた「結果」であると教えています。安息日の戒めが律法的になるのは「働かないこと」が目的となっているからです。大切な点は、安息日に魂と体が満たされるのではなく、日々の安息によって魂と体が休息した状態で安息日を迎えることです。安息日は、日々の安息が結実する日なのです。キリスト者にとって馴染みのない思想です。

ウィラードは、真の礼拝には三つの実践、「委ねること」「崇めること」「休むこと（働かない)」が欠かせないと教えています。真の礼拝と安息が切り離せないのは、安息のない心から真の礼拝が生まれないからです。休息しているキリスト者の存在こそが神への礼拝なのです。

三つの実践は神への信頼を深め、「神との境界線」を構築します。魂と体の休息には、「神との境界線」が不可欠です。安息日と真の礼拝は、神との境界線を尊びながら、深まっていきます。しかし、安息日が蔑《ないがし》ろにされると神との境界線が曖昧になり、真の礼拝が脅かされます。

真の礼拝

真の礼拝には「神を神としてあがめ」(ローマ1・21)ることと、人が人としての分をわきまえ、へりくだること(休むこと)が含まれます。礼拝と訳されるギリシア語には、「手にキスをする」との意味があります。礼拝には相手に敬意を払うだけでなく、へりくだることも含まれています。バプテスマのヨハネはイエスについて尋ねられたとき、「その方は私の後に来られる方で、私にはその方の履き物のひもを解く値打ちもありません」(ヨハネ1・27)と告白しました。真の礼拝には、神の偉大さを称えるだけでなく、人としての分(働き)をへりくだって認めることが不可欠です。

礼拝の形骸化は、人が高ぶることによって、神との境界線が曖昧になることが一因です。安息日が魂と体に休息を与えてくれるのは、人としての分（働き）をわきまえさせるからです。安息日は人に向かって、「あなたは神ではない」と宣言し、人も「私は神ではありません」と休息することによって同意するのです。「そんなことは言われなくても分かっている」との反論の声が聞こえてきそうです。しかし、理解と現実は必ずしも一致しているわけではありません。「安息日」の軽視こそ、神のように生きている「しるし」です。

神との境界線の喪失

エデンの園で蛇がエバを誘惑したとき、善悪の知識の木の実を食べても、「あなたがたは決して死にません」（創世3・4）と断言しました。「決して死にません」との宣言は神との境界線を破壊するものです。アダムとエバは、「いや、絶対に死にます」と反論すべきでした。しかし、彼らは沈黙しました。蛇の言葉に心動かされたのでしょう。沈黙は蛇の言葉に同意したに等しく、誘惑に陥りました。蛇は間髪入れずに、「それを食べるそのとき、目が開かれて、あなたがたが神のようになって善悪を知る者となることを、神は知っているのです」（3・5）と告げました。神との境界線を踏み越えるように誘惑したのです。「善悪を知る者」とは神に頼らず、自分の判断で人生を切り開く者との意味です。

神への反逆とは、自らの心の王座から神を追放することです。彼らは神を憎んでもいないし、つまずいてもいませんでした。しかし、神のようになれると高ぶり、心の王座から神を追放したのです。しかし、結果的には、神が二人をエデンの園から追放されたのです。神との間に敵意が生じ、人は神との断絶状態に陥ったのです。

こうして神は人を追放し、いのちの木への道を守るために、ケルビムと、輪を描いて回る炎の剣をエデンの園の東に置かれた。（創世3・24）

隣人との境界線

神との境界線が喪失したことで、隣人との境界線も曖昧になり、見えなくなっていきました。なぜなら、すべての境界線の基点が神との境界線だからです。

最初の殺人が起こりました。アダムとエバの息子、兄カインが弟アベルを殺害したのです（創世4・8）。他者のいのちを奪う殺人行為は究極の境界線侵害です。神との境界線が失われたとき、殺人は偶発的ではなく、起こるべくして起こった悲劇と言えます。神が兄カインに「あなたの弟アベルは、どこにいるのか」（4・9）と尋ねたとき、彼は「私は知りません。私は弟の番人なのでしょうか」と嘘をついただけでなく、弟カインのいのちに関心を払う「隣人愛」さえ拒みました。兄は弟を隣人ではなく、敵とみなしたのです。兄が弟を敵視したのは、神が兄カインのものではなく、弟アベルの供え物に目を留められたからです。カインはアベルを神の祝福を横取りする者とみなし、敵意を抱きました。

他者との境界線が構築されないと、隣人という関係性は生まれません。他者は無関係な存在か、敵対すべき存在のどちらかです。カインにとってアベルは敵対すべき存在であり、また、無関係な存在でしかなかったのです。いのちに関心を払う隣人ではなかったのです。

十戒の土台としての第四戒

ダラス・ウィラードは十戒の最初の三つの戒め「神を愛すること」が実践されてこそ、第四戒が守られると教えています。また、安息日を覚えることと隣人愛は切り離せないのです。ブルッゲマンは、第四戒が隣人との関係に関する戒めの前に置かれているのは、魂と体が休息している人は第五戒から第十戒までの戒めを破る必要がないからだと述べています。休息する魂と体は父母を蔑みません、人を殺しません、姦淫しません、盗みません、偽りの証言をしません、貪ることをしないのです、いや、そのようなことをする必要が無くなるのです。

安息日の休息とは貪欲な行為を止めることによって社会的関係を混乱させせたり、歪めたりする落ち着きの無さから隣人の空間や財産を守ることを意味します。(Walter Brueggemann, *Sabbath as Resistance*, p. 71)

安息日の戒めは、神を愛する「第一の戒め」と隣人を愛する「第二の戒め」の土台として据えられたのです。安息日という土台が揺らぐと、神と隣人との関係は不安定になります。安息のない心に礼拝や隣人愛は育まれないからです。安息日は不要になったどころか、神を礼拝し、隣人愛に生きるための要なのです。

安息日に関するさまざまな規定は適用されませんが、安息日が神と人との境界線を構築し、神への信頼を育む役割は変わることがありません。今日に至るまで、安息日は人に向かって、「あなたは神ではない」と宣言し続けています。安息日を軽視する心は、「あなたも神のようになれる」との誘惑の声に晒《さら》されることになります。

イエスの招き

すべて疲れた人、重荷を負っている人はわたしのもとに来なさい。わたしがあなたがた

を休ませてあげます。（マタイ11・28）

イエスの休息への招きは、神のようになろうとする高ぶりを悔い改め、へりくだって人としての分をわきまえることを求めています。安息日は同じことを求めています。イエスが「人の子は安息日の主です」（マタイ12・8）と言ったように、キリスト者にとってイエスこそ「安息の成就」です。この点を理解しないと安息日は形骸化します。

キリスト者は安息日の規定に従うのではなく、「安息日の主」に従うのです。しかし、そのことが安息日を不要にするのではありません。イエスは、「あなたがたの逃げるのが冬や安息日にならないように祈りなさい」（24・20）と、ご自身が昇天された後も安息日が守られることを示唆しました。

「疲れた人」「重荷を負っている人」とは、人生の苦難、苦悩を背負っている人というよりも、自分を神だと勘違いしている人の呼称です。イエスの言葉は、救いというよりも真の礼拝への招きです。神との境界線が曖昧、あるいは喪失している人は、神の責任と自分の責任を混同しています。境界線の喪失度によって混同の程度に差が生じます。喪失度が最も高い場合、神の存在を否定します。人がすべての責任を負うことになります。

キリスト者の場合、神の存在を信じているわけですが、人としての分をわきまえないと、責任感の強さという名のもとで、神の責任まで抱え込み、疲れ果ててしまいます。「休ませてあげます」とのイエスの約束は、担えない神の責任を負おうとする「もがき」からの解放を意味します。

人の心を変えるのは神の働きです。神はイスラエルの民の頑迷さを「うなじを固くする民だ」（出エジプト32・9）と嘆きました。全能なる神が手を焼く人間の頑迷さは、人の手に負えるものではありません。それなのに、他者の心を変えようともがいたことはないでしょうか。自分の人生を思いどおりにしようとしても、上手くいかず、苛立《いらだ》ちを覚えたこともあるはずです。この「もがき」こそが、疲れの要因となります。疲れとは神にしかできないことに深入りすることによって生じるのです。

疲れ

バーバラ・ブラウン・テイラーは、「疲れの偶像化」という表現を用います。

忙しさが私たちのトロフィーとなります。多くの場合、私たちが自分の人生に満足できる唯一の方法は、それをやり遂げて燃え尽きることなのです。自慢できるような傷跡が欲しいのです。バーバラ・ブラウン・テイラーが書いているように、私たちは「疲れを偶像化している」のです。疲労が偶像になっているのです。(A. J. Swoboda, *Subversive Sabbath*, p. 34)

近年、全米のトップテンの説教者にも選ばれたテイラーは、四十代の頃、外部奉仕の依頼が殺到し、多忙を極めていました。五十歳を迎えたとき、ちょっとした思いつきから一年間、すべての外部奉仕を断ることを決心しました。個人的なヨベルの年としたのです。ヨベルの年とは、イスラエルが約束の地に移り住んだときから、五十年周期で訪れる「解放の年」です。借金の抵当になっていた土地も元の所有者に返還され、すべての負債は免除されます。社会的なリセットが実行されるのです。貧富の格差も是正され、人生の再スタートが可能になります。

この一年間、私は週四十時間だけ仕事をして、できるだけ家にいるようにします。神との関係を含め、最も親密な関係に気を配ります。(Barbara Brown Taylor, *Divine subtraction*, November 3. 1999)

彼女がヨベルの年を理由に外部奉仕を断り、仕事時間を週四十時間（週五日×一日八時間）に決めたことで、それまでの仕事量を大幅に減らす必要がありました。自分のスケジュールを自由に調整できる人に限られるかもしれませんが、誰にでも優先順位の見直しはできるでしょう。「First things first」（重要な事柄に優先権を与える）の原則は実践されているでしょうか。ピーター・ドラッカーは時間の使い方を詳細に記録することで本当の優先順位（価値観）が見えてくると説いています。一週間の時間の使い方を確認することで、人生の優先順位が見えてきます。少し極端な言い方かもしれませんが、人生の優先順位は一週間の過ごし方に如実に表れます。一週間の中で大切なことを後回しにしているなら、ほぼ、人生でも同じことをしているでしょう。

最初は、仕事量の上限を決めることに抵抗を覚えるかもしれません。多忙さによる疲れが充足感と混同されていると、仕事量が少ないと「怠惰な人」に見られることへの不安な気持ちが生まれます。

多忙さが勤勉だと勘違いされています。「疲れの偶像化」は、日本人のキリスト者にとって警戒すべき霊的問題です。日本人の勤勉さの概念はキリスト者になっても変わらず、日本人的勤勉なキリスト者が誕生するのです。礼拝や集会には欠かさず出席し、奉仕活動にも熱心です。

それ自体は素晴らしいことです。日本の教会の働きはそのような犠牲によって支えられています。しかし、慢性的な疲れを覚えている人も少なくないようです。

バッテリーの寿命

バーバラ・ブラウンは「充足するのは疲れ果てたときだけになります」と述べています。充足感を得るために疲れ果てるまで働き続けることを繰り返すと、心の消耗が激しくなります。心とバッテリーには共通点があります。バッテリーは残量がなくなるまで使い切り、充電を繰り返すとバッテリー本体の消耗が早くなります。適度に充電された状態が保たれるとバッテリー本体の消耗が抑えられます。人の心も疲れ果て、空っぽになるまで酷使すべきではありません。消耗した心の回復には大変な負担と長い時間がかかります。

神との境界線が失われると「満ち足りる」という真の充足感が失われ、疲れを疑似的な満たしと錯覚する「充足の罠《わな》」に陥ります。

アダムとエバはエデンの園のどの木からも自由にとって食べることができました。しかし、彼らが蛇に誘惑されたとき、神が食べることを禁じられた唯一の木、善悪の知識の木の実が無性に欲しくなり、「食べたら必ず死ぬ」と言われていたのにもかかわらず、取って食べたのです。園には「見るからに好ましく、食べるのに良いすべての木」（創世2・9）が多く生息していたにもかかわらず、彼らは神の備えに満足しなかったのです。満足しない心は、神の備えが足りないからではなく、しっかりと受け取っていないことで生じます。安息日は、神から受け取ったものを感謝し、満足する日です。

ファラオ

聖書の中で自分を神と勘違いした最たる人物がエジプトの王ファラオでした。彼は休息を憎みました。彼の魂は「満ち足りる」という充足感を覚えず、酷《ひど》い欠乏感に苛《さいな》まれていました。彼は自分の魂の欠乏感が「神を欠乏していた」ことに要因があるとは理解していませんでした。満たされない心の根源は神を欠乏していることにあります。しかし、彼は魂の欠乏を神以外のもので埋めようとして、「充足の罠」に陥ったのです。

依存症とは、魂の欠乏を一時的にしか満たせないもので埋め合わせる悪循環に陥っている状態です。ある意味では、すべての人は依存的な存在です。他者に依存するのも、自分に依存するのも、神の目には同じことです（イザヤ2・22）。

イスラエルの王ダビデは聖人君主ではありませんでしたが、魂の欠乏は神にしか満たせないことを悟っていました。それが、エジプトのファラオとの決定的な違いでした。

主は私の羊飼い。
私は乏しいことがありません。（詩篇23・1）

イスラエルの王ダビデは神を羊飼い、自分を羊にたとえました。彼は神との境界線をはっきりと認識していました。また、ダビデは「主は羊飼い」とは言わず、「主は私の羊飼い」と告白しました。この違いには天と地ほどの差がありました。「主は私の羊飼い」であるゆえに、「私は乏しいことがありません」と告白するのです。天地万物の神を「私のもの」と所有するからです。当然、彼の魂が欠乏を覚えるはずがありません。彼が、「主は私を緑の牧場に伏させ／いこいのみぎわに伴われます」（23・2）と休息へと導かれることを告白するのは自然なことです。

共感疲労
燃え尽き症候群の危険に晒《さら》されている職種の一つが援助職です。援助職とは他者を助けることを仕事としている、医師、看護師、カウンセラー、介護士、そして、牧師も含まれます。少し大雑把な言い方になりますが、キリスト者も一種の援助職に生涯を通して従事しているようなものです。困っている人を見ると、「良きサマリア人」になるべきとのプレッシャーを感じる人も少なくないかもしれません。聖書の言葉にも、「あなたの手に善を行う力があるとき、受けるべき者にそれを控えてはならない」（箴言3・27）とあります。疲れは援助を断る理由にならないと考えてしまいます。

援助職に就く人が陥りやすい、燃え尽き症候群を構成する「共感疲労」（compassion fatigue）に関心が集まっています。まだ、日本語としてはあまり認知されていないようです。共感は empathy の訳語になるので、「憐れみ疲れ」と訳したほうが本来の意味に近いと思います。「共感疲労」とは憐れみの感情が枯渇した状態です。

共感疲労とＰＴＳＤ（心的外傷後ストレス障害）とは異なります。ＰＴＳＤは命の危険に晒されるような外傷的出来事を経験した当人が発症します。共感疲労は援助職に従事する人がケアする対象の人の苦しみを内面化することで発症します。

隣人愛に生きようとするキリスト者も、共感疲労と決して無関係ではありません。個人的な見解になりますが、共感疲労がキリスト者の疲れのかなりの部分を占めていると考えています。

キリスト者は感情が枯渇するまで援助すべきではありません。緊急時ならともかく、日常生活のなかでは余力が残っていても、援助することを断る、「ＮＯ」という選択肢を持つことが大切になります。共感疲労に陥ると攻撃的になりやすくなります。子育て中の親なら、仕事や家事で疲れていて、子どもにきつく接してしまい、自己嫌悪に陥った経験は、誰もが身に覚えがあるはずです。

「セルフケア」が重要になります。自分をケアするために、他者を助けることに一時的に「ＮＯ」を言わなければなりません。自分をケアすることが隣人愛に生きるキリスト者の責務なのです。

牧師になったばかりの頃、夜遅くの電話にも無分別で対応しました。深刻な悩みの場合、電話を切った後、目が冴《さ》えて眠れなくなりました。ある時から、夜の電話対応は緊急な相談以外は次の日の午前中にかけ直していただくことに決めました。他者の悩みをしっかりと聞くには、夜、疲れた状態の時よりも、十分な睡眠を取った次の日のほうが良いに決まっています。

一時的に「ＮＯ」を言うことで、心から「ＹＥＳ」と言えるようになります。

何を見張るよりも、あなたの心を見守れ。

いのちの泉はこれから湧く。（箴言4・23）

緊張

疲労の要因として「緊張」（過緊張）があります。ある牧師がダラス・ウィラードに、「イエスを一言で表すなら、どのような言葉が適切だと思いますか？」と質問しました。その牧師は頭の中でウィラードの答えを想像してみました。「主の主、王の王、全能なる神」。しかし、ウィラードの口から出た言葉は、「リラックス」でした（Bill Gaultiere, *A simple solution to stress from Dallas Willard*）。

「リラックス」とは緊張していない状態です。趣味に没頭したり、素晴らしい景色を眺めながら露天風呂につかったりしていると、心身ともにリラックスできます。しかし、仕事や日常生活に戻った途端、緊張を強いられます。緊張と緩和の繰り返しです。ウィラードがイエスの内に見たリラックスとは、単に緊張から一時的に解放されている状態を指しているのではありませんん。イエスは緊張と緩和を繰り返したわけではなく、常にリラックスしていたのです。イエスは駆り立てられることがありませんでした。

イエスが全人類の救いを完成させる働き（公生涯）を始めたのは三十歳を迎えたときからで

す。それまでは、イエスは大工仕事に打ち込みました。大工としての知識の獲得と技能を懸命に磨きました。「救い主の私が、こんなことをしている場合ではない。今、この瞬間も救いと助けを必要としている滅びゆく魂がある」と駆り立てられることはありませんでした。もし二十五歳で公生涯を始めたなら、どれだけの人々を助け、慰め、癒やすことができたでしょうか。

ある時は、イエスの兄弟が「ここを去ってユダヤに行きなさい。そうすれば、弟子たちもあなたがしている働きを見ることができます。自分で公の場に出ることを願いながら、隠れて事を行う人はいません。このようなことを行うのなら、自分を世に示しなさい」（ヨハネ7・3〜4）と急《せ》かしました。イエスは兄弟たちに向かって、「わたしの時はまだ来ていません。しかし、あなたがたの時はいつでも用意ができています」（7・6）と答えました。弟子たちが苛《いら》立《だ》つほど、イエスは常にマイペースでした。ウィラードが休息している魂を「自分の世界と生活を完全に神にゆだね、そこから手を放してもいいと思えるほどに、思いと体において主が崇められているとき、私たちは喜んで『働かない』でいることができます」と説明した状態がイエスのリラックスの正体です。

柔和さとへりくだり

イエスは、「わたしは心が柔和でへりくだっているから、あなたがたもわたしのくびきを負って、わたしから学びなさい。そうすれば、たましいに安らぎを得ます」（マタイ11・29）と約束されました。この柔和さとへりくだりがイエスのリラックスの秘訣です。

安息日、イエスはベテスダの池のかたわらで三十八年間も伏せていた人を癒やしました。ユダヤ人たちはイエスがその人に「起きて床を取り上げ、歩きなさい」（ヨハネ5・8）と命じたことが、安息日を破る行為だと非難しました。イエスは、「まことに、まことに、あなたがたに言います。子は、父がしておられることを見て行う以外には、自分から何も行うことはできません。すべて父がなさることを、子も同様に行うのです」（5・19）と反論しました。イエスのマイペースは単独行動ではありません。それどころか、イエスは単独で行動したことは一度もありませんでした。イエスは父なる神とくびきを共にしていたのです。

柔和さとは力がコントロールされている状態です。へりくだりは無力さを受け入れている状態です。イエスの内面は、「自分から何も行うことはできません」（へりくだり）と「すべて父がなさることを、子も同様に行うのです」（柔和）がバランスを保っていました。イエスのくびきを負うとは、柔和さだけでなく、へりくだりだけでもなく、柔和さとへりくだりを持つことなのです。柔和さとへりくだりのどちらかが欠けると、「高ぶり」が生じたり、「無力感」に苛《さいな》まれたりします。

私自身が牧師の働きで緊張するのは、ほぼ決まって単独で行動しようとしている時です。「神様、どうか、素晴らしいメッセージを語ることができますように」、「神様、この複雑な問題を解決するアドバイスを差し上げることができますように」と、自分の働きを神が祝福してくださるようにと祈るのです。神に祝福を祈り求めてはいますが、単独で行動しようとしているのです。自分の働きに神を招くからです。イエスは、「子は、父がしておられることを見て行う以外には、自分から何も行うことはできません」と、父なる神の働きに招かれることでご自分の働きが始まると言いました。イエスの兄弟たちが、「自分を世に示しなさい」と急かしたとき、「わたしの時はまだ来ていません」と答えたのはそのためでした。

キリスト者もイエスのくびきを負うとき、駆り立てられることから解放され、リラックスできるのです。

夕べと朝

ユージン・ピーターソンは、日没をもって一日が終わると同時に、新しい一日が休息から始まるのは、恵みのリズムに慣らせるためだと説明しています。

ヘブライ流の「夕べと朝」という表現は、私たちを恵みのリズムに慣らそうとするものである。私たちは眠る。そうすると、神がその働きを開始される。私たちが眠っている間、神はご自身の契約を遂行される。(E・H・ピーターソン『牧会者の神学』九一頁)

恵みのリズムは日没と深く関係しています。日没は「終わり」であり、同時に「始まり」です。理想を言えば、日没前に一日の仕事を終え、神の働きを信頼し、決まった時間に眠りにつくことです。しかし、多様な働き方が普及している現代社会では、各自が自分の仕事の終わり、日没の時間を決める必要があります。恵みのリズムは「仕事の終わり」を決めることで生まれます。

シモン

イエスはガリラヤ湖の岸辺で網を洗っていたシモンに声をかけ、「深みに漕ぎ出し、網を下ろして魚を捕りなさい」(ルカ5・4)と命じました。シモンは、「先生。私たちは夜通し働きましたが、何一つ捕れませんでした」（5・5）と答えました。彼は昨晩の不漁を報告したというより、漁に出ても無駄骨に終わると暗に告げたのです。しかしシモンは、「でも、おことばですので、網を下ろしてみましょう」（5・5）とイエスの言葉に従いました。漁師のシモンが律法の教師の言うことを聞き、せっかく洗った網を舟に積み込み、疲れていたのに漁に出たことは驚きです。

この出来事は、疲れ果てるまでイエスに従うことによって大きな報いがあることを教えているのではありません。その反対です。シモンがイエスの言葉に従い、網を下ろしたところ、「おびただしい数の魚が入り、網が破れそうになった」（5・6）のです。魚の重さで舟が沈みそうになり、別の舟に魚を積み込んだところ、両方の舟が沈みそうになりました。シモンは夜通し働いても一匹の魚も捕れなかったのに、イエスの言葉に従ったところ、二隻の舟が沈みそうになるぐらい大漁となりました。

人間の努力はそれ自体において賞賛に値する尊いものだというわけではなく、それが神の恵みと祝福のリズムに包まれることによって賞賛され、尊ばれるものとなるのである。

（『牧会者の神学』九二頁）

神は人の努力を蔑《さげす》みません。しかし、神の恵みと祝福のリズムの中で努力は結実します。ただがむしゃらに努力すれば、結果がついてくると考えると、「恵みのリズム」が乱れます。シモンにとっては「人間をとる漁師にしてあげよう」（マタイ4・19）とのイエスの召しに従うことを決意させた、生涯忘れられない経験となったことでしょう。

重荷

疲労の要因の二つ目が「重荷」です。神の責任まで担おうとしているからです。イエスは、「わたしのくびきは負いやすく、わたしの荷は軽いからです」（マタイ11・30）と言いました。イエスのもとに重荷を下ろすとき、本来、人が負うべき荷の軽さに驚かされます。「重荷」を負ってきた人は、その軽さに驚くだけでなく、不安になるはずです。

高齢になって引退された牧師に「引退後の生活はいかがですか？」とお尋ねすると、「いかに重荷を背負って生きてきたのか」としみじみと言われました。背負ってきた荷は一度下ろしてみないと、どれだけ負担だったのか実感できません。五キロ減量した人がお店で五キロのお米の袋を手に持ったとき、「こんなに重いものをずっと担いできたのか」と驚かれました。「腰や膝が痛くなるはずだ」と苦笑されました。

軽い荷の中身は、「一日分の労苦」です。

一日分の労苦

「明日のことまで心配しなくてよいのです。明日のことは明日が心配します。苦労はその日その日に十分あります。」（マタイ6・34）

重荷の正体は、「明日への心配」です。将来への漠然とした不安感というよりも、神が担っている責任に対する不信感です。イエスは一日の労苦は十分にあるので、神の配慮を信頼し、心配で心をすり減らしてはいけないと言われたのです。

「あなたがたのうちだれが、心配したからといって、少しでも自分のいのちを延ばすことができるでしょうか」（マタイ6・27）。心配してもどうにもならないことは頭で分かっていても、心配を募らせてしまいます。「神が心配してくださっているので大丈夫」と自分に言い聞かせても、心が平安になるわけではありません。神との境界線の構築には、神が担う責任に対して信頼を育むことが必要です。信頼が深まると心配しなくなっていきます。神の配慮に「明日への心配」という重荷を下ろすことができるのです。

しかし、神の責任に対する信頼が育まれないなら、「明日への心配」という重荷、神の責任を背負うことになります。ファラオの魂を蝕《むしば》んだ欠乏感は「明日への心配」によってますます増幅しました。彼は明日への心配を解消するためにヘブル人の奴隷たちを酷使するようになりました。不安な心は周りの人々を巻き込み、消耗させていきます。

一日の労苦という境界線

キリスト者は、「苦労はその日その日に十分あります」とのイエスの言葉を信頼し、一日の労苦の軽さを心と体に教え込むのです。緊急時や一時的に負担が増えることは仕方がありませんが、一日の労苦の軽さを忘れないようにしたいのです。人としての分をわきまえるとは、荷の軽さに慣れ親しむことです。些細なことで苛立つなら、重量オーバーのアラームが鳴っています。

イスラエルでは日没が一日の終わりを告げます。「苦労はその日その日に十分あります」とあるように、まず「一日の労苦」という仕事量を決めます。一日の労苦は日没で終わります。日没という、自己都合で動かせない「一日の終わり」が決められたことは神の知恵です。いつまでも仕事が終わらないのは「一日の終わり」が決まっていないからです。イエスの言葉は、日没をもって一日の仕事を強制的に終了することを命じています。

イスラエルでは、金曜日の日没前、安息日が始まる準備で人々は慌ただしく動き回ります。最初、その光景を目にしたとき、何か律法的だと感じました。しかし、仕事を終わらせようとしている人々の顔はどこか嬉しそうでした。仕事を終わらせることが嬉しくないはずはありません。

昔、会社勤めをしていたとき、毎日、直属の上司であった課長がなかなか退社しなくて、イライラしたことを思い出しました。その時、部長が現れて「そろそろ終わりにしよう」と言ってくれたらと何度も思いました。

進歩という幻想

仕事量の際限なき増加は「進歩」という幻想のゆえです。仕事をすればするほど、生活の質が向上し、今よりも幸せになれるとの考えです。エーリッヒ・フロムは自著『生きるということ』の中で、現代人が陥っている幻想を「限りなき進歩という大いなる約束」と表現しました。

限りない生産、絶対的自由、無制限な幸福の三拍子が〈進歩〉という新しい宗教の核を形成し、新しい〈進歩の地上の都〉が〈神の国〉（天国のこと）に取って代わることになった。この新しい宗教がその信者に精力と活力と希望を与えたことは、何ら驚くに当たらない。（エーリッヒ・フロム『生きるということ』一五頁）

フロムは、現代人が進歩という新しい宗教に入信したことで、神の国への関心を失い、地上楽園の実現に人生を惜しみなくささげるようになったと指摘しています。既存の宗教の衰退が地上の楽園という幻想を生み出しました。元々、日本人は現世利益への執着が強いため、地上の楽園は天国に取って代わったのです。進歩教のスローガン、「今日よりも明日、もっと幸せになれる」は信者に精力と活力と希望を与えます。その代償として生活から余白を奪います。フロムが進歩を信じることを宗教と呼んだのは、日没後も仕事に時間といういのちを供え物としてささげているからでしょう。

「疲れの偶像化」は、余白の喪失によってますます深刻化します。*Margin* の著者リチャード・スウェンソンは「進歩は余白のサボタージュである」（p. 42）と述べています。進歩教は余白をエネルギー源にします。人が余白を燃やせば燃やすほど、進歩が加速しているような錯覚に陥るからです。これが「充足の罠」の本質です。余白は健康と同じく、喪失し、痛みが生じないと大切さが理解されません。余白を埋めることによって充足感を感じるようになると、かなりの重症です。スケジュールの余白に罪責感を覚えると、もはや末期状態です。

過負荷

過負荷は私たちに課せられた要求が耐えられる範囲を超えたときに生じます。例えば、ラクダは重い荷物を運ぶことができます。しかし、最大限の荷物を積んだラクダの背に一本の藁《わら》を乗せると、背骨が折れてしまいます。背骨は藁ではなく、過負荷によって折れたのです。(Richard Swenson, *Margin*, p. 54)

大袈裟な表現のようですが、人の心も限界値を超えると少しの負荷がかかっただけでも崩壊します。適度な負担は人を鍛えますが、過度の負担は人を破壊します。崩壊には前兆が伴いますが、無視されたり、見落とされたりすることが多く、ある日、突然に訪れます。朝、目が覚めたとき、ベッドから起き上がる気力が失われていることに愕然《がくぜん》とするのです。相手のたった一言の否定的な言葉で心が折れてしまうのです。親切な忠告に怒りを爆発させてしまいます。

余白の役割

信仰生活にとって、余白は非常に重要です。しかし、余白は軽視されています。例えば、聖会や特別集会の講師（牧師）を紹介するとき、「多忙さ」が宣伝文句のように使われることがあります。多忙さが神に用いられているしるしと考えられているのでしょう。

余白だらけのスケジュールが良いとの意味ではありません。キリスト者の倫理観に勤勉さは欠かせません。バーバラ・ブラウンは仕事量を週四十時間にまで減らすことで余白を増やしました。（牧師は日曜日だけ働いていると考えられているかもしれませんが、私の知る限り、大半の牧師は過重労働の問題を抱えています。）仕事量が週四十時間以下なら余白を削り、仕事量を増やす必要があるかもしれません。余白を自分の怠惰さを正当化するために利用すべきではありません。しかし、怠惰になるリスクを冒してでも、余白を設けることは大きな益となります。

バプテスマのヨハネの死がイエスに知らされたとき、「イエスは舟でそこを去り、自分だけで寂しいところに行かれた。群衆はそれを聞き、町々から歩いてイエスの後を追った」（マタイ14・13）とあります。イエスは群衆を残して、一人になることを願われました。ヨハネの死を悼むためでした。神の御子イエスでさえ余白を必要とされたなら、人が余白を必要としないと考えるのは高ぶりです。

イエスにとって余白とは、父なる神と過ごす時間でした。神と人との関係を豊かにするために時間的な余白は欠かせないからです。義務的な関係の特徴は、時間的な余白がないことです。神との関係も時間的な余白がないと、祈りも一つの用事になってしまうかもしれません。仕事上の人間関係のようになります。神との関係を義務的なものにしないためには、十分に時間的な余白を取ることが必要です。

心の余白

時間的な余白は「心の余白（ゆとり）」から生まれます。スケジュールをいくら調整しても、慢性的に時間が足りないと感じるなら、心の余白が欠落していないかと疑ってみるべきです。

イエスは群衆の要求に一時的に応じることをせず、ご自身の気持ちを大切にされました。なぜなら、イエスにとって感情は大切にすべきものであり、働きの原動力であったからです。

何を見張るよりも、あなたの心を見守れ。
いのちの泉はこれから湧く。（箴言４・23）

キリスト者の良い行いは、魂から溢れるものでなければ、良い行いが魂を枯渇させることになります。魂から湧き上がる感情が枯渇している初期症状は「無関心」です。神と他者、そして、自分自身への関心が薄れていきます。無慈悲は人格問題ですが、無関心は感情の枯渇が原因です。もし、無関心という初期症状をほっておくと、無自覚、無慈悲へと重症化します。

イエスが対岸に着かれると、群衆が待ち構えていました。イエスは、「大勢の群衆をご覧になった。そして彼らを深くあわれんで、彼らの中の病人たちを癒やされた」（マタイ14・14）。

イエスの心は憐みの感情によって深く動かされ、病人たちを癒やされました。イエスの働きが義務的ではなく、心から湧き上がる感情が原動力であったことは明らかです。

重荷を負う人は、責任感の強さというポジティブな一面と、神の働きを妨げるネガティブな面を持ち合わせています。責任感の強さが神の働きを締め出すことにもなります。なぜなら、自分が身を引くことで生じた心の余白こそ、神が働くスペースとなるからです。

他者の人生に関わるときも同じです。自分の人生において神の働くスペースを尊ばないと、他者の人生においても認められなくなります。そうなると、神を差し置いて、他者と関わってしまいます。

結果、「裁き」の問題が生じやすくなります。

余白――神が働かれるスペース
信仰生活の疲れは神の働かれるスペース、余白の喪失と深く関係しています。なぜなら、重荷とは神の働きを排除した結果だからです。ヘンリ・ナウエンは余白の大切さを述べています。

たとえば、絶え間ない忙しさは、いつかは直面せねばならないことから逃げ回る手段の一つです。この世の悪しき者の影響下にあり、その悪しき者は、生活のどんな小さなすき間でも、なすべきこと、会うべき人、成し遂げるべきビジネス、生産すべき製品などで満たそうとします。悪しき者は、心から悲しみ、嘆くためのスペースを与えてくれないのです。忙しさは、たとえそれが内的な痛みから解放してくれると思えるときにも、呪いとなります。ぎゅうぎゅう詰めにされた人生は、避けて通れない困難との直面を先延ばしにするだけです。（『嘆きは踊りに変わる』二八頁）

ナウエンは、内的な痛みを紛らわせてくれる多忙さは呪いとなると主張します。たいへん重い言葉です。聖書が「何を見張るよりも、あなたの心を見守れ」と命じるのは、そのためです。ナウエンが言う「悲しみ、嘆くためのスペース」とは、神が働かれるスペースなのです。その場所で嘆きが踊りに変えられるからです。

嘆き悲しむ中に神を招き入れるなら、わたしたちは決して一人ぼっちでそれを歩むことはありません。死に対峙することは、最終的に、わたしたちをよりよく生きるようにさせてくれるのです。そのとき、悲しみに沈む夜であっても、希望を抱かせる朝にあっても、神の喜びにあずかりつつ、軽やかなステップで踊れるようになるでしょう。（一八五頁）

私たちにキリストの苦難があふれているように、キリストによって私たちの慰めもあふれているからです。私たちが苦しみにあうとすれば、それはあなたがたの慰めと救いのためです。私たちが慰めを受けるとすれば、それもあなたがたの慰めのためです。その慰めは、私たちが受けているのと同じ苦難に耐え抜く力を、あなたがたに与えてくれます。

（Ⅱコリント1・5〜6）

止める

安息と訳されるヘブル語は「シャバット」、止めるとの意味です。イスラエルの新聞には安息日が始まる金曜日の日没時間が掲載されます。その時間になると、すべての仕事が止まります。お店のシャッターも閉められ、バスの運行も停止します。

『修養する生活』の著書スーザン・フィリップスが来日されたとき、ディレクターを務める関西牧会塾主催のセミナーで講演してくださいました。講演の中で、ご自身のシャバット、「やめること」の実践について話してくださいました。

彼女は土曜日を安息日に決めています。土曜日の日没を迎えると、手紙を書いていても、手を止めるそうです。通訳をしながら、「えっ。それは少し律法的ではないか」と思いました。手紙の続きを書くのは二十四時間後の日曜日の日没後になります。日没を越えても、五分ぐらいなら手紙を書き終えたほうがすっきりするし、仕事もはかどるのではないでしょうか。

『修養する生活』の中の「やめること」についての文章を読み、とても腑に落ちました。

私の家に面した通りは坂になっており、その下り坂の曲がり角には止まれの標識が立っています。サッカーの練習で子どもを送り迎えしていた頃、母親同士でよく、その標識の前で急ブレーキを踏むたびに、サッカー用具がバックから飛び出すと笑いながら話したものでした。安息日や休閑の時期に立ち止まるとき、私たちの鞄の中身が露呈します。ちょうどエマオ途上のふたりのように。立ち止まることにより、心の混乱や希望、恐れ、疑問、悲しみ、また神を求める思いなどに気がつきます。心の内に雑草が生えていたり、新しい芽が伸びて支柱を必要としていることに気がつくかもしれません。（一二九頁）

人は自分の内面を直視するのを恐れています。人間関係の問題が露呈するのを恐れて、一心不乱に走り続けているのかもしれません。立ち止まることでしか見えない景色があります。ずっと目を背けてきたものと向き合うことになります。急ブレーキを踏む必要はなくても、一週間のうちの一日を「立ち止まる」時間とすることは非常に有益です。なぜなら、人生は弛《たゆ》まない軌道修正を必要としているからです。また、スーザンは、立ち止まることで心の内に生えてきている「雑草」と「新しい芽」に目を留めることの大切を教えてくれています。

雑草

心を豊かに耕すには雑草を除草する必要があります。聖書は、「もしあなたがたの心の中に、苦々しいねたみや利己的な思いがあるなら、自慢したり、真理に逆らって偽ったりするのはやめなさい」（ヤコブ3・14）と言っています。苦々しい妬みや利己的な思いを放置していると、自慢や虚言という「行い」へ、そして高慢な人、大言壮語する「人」ができ上がります。苦々しい妬みや利己的な思いは生え始めに抜き取るのは難しくないのですが、根が心に深く張ってしまうと、除草が骨折る作業になります。毎週、安息日に立ち止まり、自分の心と向き合うことで、心に生えてきた雑草を抜き取ることを習慣としたいのです。

新しい芽

立ち止まって、自分の心と向き合うことの二つ目の祝福は、「新しい芽」に気づくこと、その芽が成長するように支柱を備えることです。キリスト者の心には雑草が生えるだけでなく、聖霊なる神によって蒔かれたみことばの種が芽を出すのです。イエスは「種蒔きの譬《たと》え」（ルカ8章）で、蒔かれたみことばの種が成長し、実を結ぶことを妨げる三つの要因について教えました。

「種を食べる鳥」はみことばを盗む悪魔、「土の薄い岩地」は耕されていない心、「生い茂る茨」はこの世の心遣いや快楽です。

しかし、良い地に落ちたものとは、こういう人たちのことです。彼らは立派な良い心で

みことばを聞いて、それをしっかり守り、忍耐して実を結びます。(ルカ8・15)

みことばが芽を出すとは、心に神に喜ばれる願いが芽生えることです。この願いをしっかりと育むと、神の心に適《かな》った行いが自然に生まれてきます。定期的に立ち止まることで、心に芽生えた願いに関心を払い、「養い育てること」が大切です。活動を止めないと、心に芽生えた小さな願いを見落とすことになるでしょう。

睡眠

活動を止めることの究極の実践は睡眠です。恵みのリズムは、適切な睡眠時間と深く関係しています。睡眠時間を削ると、恵みのリズムは乱れてしまいます。詩篇の作者は、十分な睡眠を取ることを神への信頼と考えました。

ダビデが息子アブサロムに命を狙われ、王宮から着の身着のままで逃げ出したとき、自分に敵対する者の数に驚きました。信頼していた仲間たちが息子アブサロムにくみすることに深く失望しました。命が危険に晒《さら》されている状況下では、いつ寝床を襲われるか分かりません。本来なら、不安になり、眼が冴え、血圧が上昇し、興奮状態で寝つけなくなります。しかし、彼は身を横たえ、眠りについたのです。

私は身を横たえて眠り　また目を覚ます。

主が私を支えてくださるから。（詩篇3・5）

人はどれだけ警戒しても、いずれ眠り込んでしまいます。ですから、彼は神の守りを信頼し、眠りについたのです。ダビデは、疲れ果てて眠りについたのではなく、信仰によって身を横たえたのです。D・A・カーソンは、睡眠と健全な信仰が密接に関係していると述べています。

睡眠不足が疑心暗鬼を助長する可能性があります。精魂が尽きるまで働くと、遅かれ早かれ、皮肉っぽくなります。疑心暗鬼と皮肉は紙一重です。当然のことですが、人には必要な睡眠時間が違っています。疲労に対して他の人よりも上手く対処できる人もいます。もし、あなたが睡眠不足から意地悪になったり、皮肉を言うようになったり、疑心暗鬼になってしまうなら、必要な睡眠を取る道徳的な責任があります。人は分割できない全体としての存在であり、複雑な生き物です。肉体の状態は霊的な健やかさ、精神的な物の見方や神との関係と密接につながっています。世界において最も神聖な実践は良い睡眠を取ることです。徹夜で祈らず、眠るのです。徹夜で祈る必要性を否定しているのではありません。霊的修練は肉体が必要とする睡眠をしっかりと取ることを義務づけています。(D. A. Carson, *Scandalous: The Cross and Ressurection of Jesus*, P. 147)。

エリヤ

エリヤはカルメル山でバアルとアシェラの預言者と対決し、圧倒的な勝利を収めたにもかかわらず、ラハブ王の妻、イゼベルの怒りを買うことになりました。エリヤは恐れて、南ユダの最南端の町ベエル・シェバへと逃げました。しもべを残し、荒野を一日歩いたところで、「主よ、もう十分です。私のいのちを取ってください。私は父祖たちにまさっていませんから」(1列王19・4)と死を願いました。エリヤはエニシダの木の下で横になり、眠りにつきました。彼がどれだけ眠ったのか分かりませんが、御使いが「起きて食べなさい」(19・5)と声をかけました。彼は焼け石で焼いたパン菓子と水を飲み、また横になって眠りました。再び、御使いが戻って来て、「起きて食べなさい。旅の道のりはまだ長いのだから」(19・7)と告げました。彼は、「この食べ物に力を得て」(19・8)、四十日四十夜歩き続け、神の山ホレブにたどり着きました。エリヤが元気を取り戻し、神の働きに復帰したのは、十分な睡眠と食事によって力を得たからです。霊的な回復と体の休息は深くつながっています。聖書を読んだり、祈ったりすることと同じぐらい、十分な睡眠と栄養のある食事を取ることは健全な霊性にとって大切です。

誰にも眠れない夜はあります。心配や怒りで目が冴えてしまうとき、ダビデの告白を思い出したいのです。

床の上で　あなたを思い起こすとき
夜もすがら　あなたのことを思い巡らすときに。（詩篇63・6）

第二章　安息日と休日

禁止の戒めに含まれる促し

安息日を覚えて、これを聖なるものとせよ。（出エジプト20・8）

十戒は禁止の命令が八つ、促しの命令が二つです。十戒が「禁止ルール」のような印象を与えるのはそのためです。禁止の戒めは禁止された行為を犯さないことだけを求めているのではありません。禁止の戒めには促しが含まれています。宗教改革の立役者カルヴァンは「『殺してはいけない』という戒めは、人間の常識では誰かを悪者にしたり、そうしたいと思ったりすることを避けなければならないということだけである。それに加えて、この戒めには隣人のいのちにできる限りの助けを与えなければならないという意味も含まれている」（『キリスト教綱要　第2篇』8・9、私訳）と教えています。「人を殺したことがないので、『殺してはいけない』という戒めを守っています」とは言い切れないのです。「あなたは他者のいのちを豊かにすることをしていますか」と問われているからです。

「偽証してはならない」という戒めも、「他者を陥れるような嘘や偽りの証言をしない」というだけでなく、愛をもって真実を語ることが含まれています。

なぜ、第四戒が「安息日を破ってはならない」との、禁止の戒めとはならなかったのでしょうか。「安息日を覚える」ことは、禁止の戒めよりも能動的に守り行うことが必要だからです。

安息日は「何もしない」だけでは覚えることにはならないからです。安息日は休日ではありません。頭と心を空っぽにする休日も大切ですが、安息日は主の臨在で満たされる日です。瞑想《めいそう》と黙想の違いのようです。瞑想は頭と心を空っぽにすること、黙想は主の臨在で満たされることを目指します。安息日は神の臨在で心と体が満たされる日なのです。ですから、「安息日を覚えなさい」と、休息することにおいて能動性が求められるのです。

偽りの安息日

ユージン・ピーターソンは、安息日と休日は全く異なると主張しています。

安息日はけっして「休日」ではない。聖書を学んだ「聖なる営みの守り手」であるべき牧師が安息日をそのように呼ぶことがあるとすれば、それは許しがたい誤りであるといわなければならない。「休日」という呼び方は、「偽りの安息日」を指すものである。(『牧会者の神学』八八頁)

ピーターソンは、牧師が休日を安息日と呼ぶことの誤りを指摘しています。そもそも、牧師にとって安息日とはいつなのでしょうか。この問いへの回答が安息日と休日の違いを明確にしてくれるはずです。ピーターソンは牧師の安息日を日曜日(主日)とは考えていません。彼自身は月曜日を安息日と決めていたようです。安息日は特定の曜日に固定されていないと考えました。

ピーターソンは、牧師が休日を安息日と呼ぶことを「偽りの安息日」と批判的に語りました。しかし、牧師が緊張を強いられる主日を安息日と呼ぶことも批判されるべきなのかもしれません。

私個人の見解はすでに述べていますが、日曜日は魂の喜びの日ですが、体の休息の日ではありません。祈りの日ですが、遊ぶ日ではありません。約十年間、大阪と滋賀の教会を兼牧しました。大阪の教会で二回の礼拝を終え、昼食後、車で移動し、午後、滋賀の教会でメッセージを語りました。礼拝後は週ごとの学び会や役員会に出席し、相談や打ち合わせを終えて帰宅するのはいつも夜十時を過ぎていました。帰宅時には精根尽き果てていました。

ピーターソンにとっては主日の安息日化も「偽りの安息日」となるのでしょう。長い間、私自身も主日を安息日と漠然と考えてきたこともあり、「偽りの安息日」を過ごしてきたと言われれば返す言葉がありません。（もちろん、ある人々にとって、主日が安息日となることは、まったく問題ありません。）

麦畑

ある時、イエスの弟子たちが麦畑で穂を摘み、手で揉み、実を食べたことを「安息日を破った」とパリサイ派の人々がイエスに抗議しました。彼らは麦の穂を摘むことを「収穫」、手で穂を揉み、実を取り出すことを「脱穀」とみなしたからです。イエスは彼らの批判に対して、「安息日に宮にいる祭司たちは安息日を汚しても咎《とが》を免れる、ということを律法で読んだことがないのですか」（マタイ12・5）と語りました。安息日に会堂で奉仕する祭司は、安息日を汚しても咎に定められませんでした。なぜなら、神殿の奉仕は安息日よりも優先されたからです。

しかし、安息日を覚えたとはみなされませんでした。

現代に置き換えると、牧師の主日礼拝の奉仕も同じような扱いになるのでしょう。祭司と同様、牧師の主日礼拝の奉仕も安息日を覚えることにはならないのではないでしょうか。新しい契約に生きるキリスト者は安息日の戒めとは無関係だと考える人にとっては、どうでもよい問題なのかもしれません。しかし、安息日の祝福を受け損じることは祝福の損失だと考えます。

休日の目的

アリストテレス学派の説くところによれば、「われわれ人間にはくつろぎの時が必要である。働きづめでは身が持たないからである。したがって、くつろぎが目的なのではない」。「活動を促すために」、新たな努力を注ぐに足る体力を得るために、くつろぎがあるのである。（ヘッシェル『シャバット』二四頁）

現代社会における休日の概念は、ギリシア哲学の影響を強く受けています。休日の目的が「活動を促す」ことにあるからです。リフレッシュするのも新たな気持ちで仕事に向かうためです。結局、人生が仕事に向けられ、仕事中心に回っています。キリスト者になっても人生の向きは仕事に向けられたままかもしれません。日曜日の過ごし方が変わっただけでは、人生の向きは変わらないのです。

安息日は「活動を促す」ためにあるのではありません。安息日を待ち望むことは、休日までの日数を指折り数えるメンタリティと似ているようですが、全く異なります。仕事の重圧から解放される休日を待ち望んでも、人生は仕事に向いたままです。

安息日の目的は神への礼拝を促すこと、人生の向きを仕事から礼拝に向けることです。結果、仕事が礼拝に仕えるようになります。「礼拝で元気をもらったので、明日からの仕事も頑張れます」と言うのは本末転倒なのです（少し堅いことを言うようですが……）。

しかし、現代社会においては誰もそのようには考えません。安息日が仕事に仕えるようになって久しいからです。ヨゼフ・ピーパーは『余暇と祝祭』の中で、「現代社会では労働の概念に非常に大きな比重が置かれていて、人間の活動、というよりは人間の存在そのものの全領域を占領しています」（二七頁）と述べています。

本来、仕事の目的は神の栄光を現すことでした。仕事も礼拝の一つのかたちでした。現代社会では仕事は礼拝と対立し、仕事が礼拝を従属させているのではないでしょうか。ピーターソンが「偽りの安息日」という厳しい言葉を使うのは、礼拝が仕事に従属させられることへの警戒心からでしょう。

週休一日

週休一日の場合、安息日を覚えると休日がなくなるのでしょうか。人には何もしないで頭と心を空っぽにする時間も必要です。週休二日なら、安息日と休日を区別して取ることができるかもしれません。

しかし、イスラエルでは安息日と休日を必ずしも切り離してはいません。安息日の休日化が問題なのです。安息日が休日を取り込む、すなわち、仕事に向けて休むのではなく、礼拝を豊かにするために休みます。遊びも礼拝に向けられます。金曜日の夜、ユダヤ人の一般家庭では家族や友人を招いて食事をします。金曜日の夕食は特別で、普段よりも豪勢になるそうです。土曜日の朝はゆっくりと起床し、会堂《シナゴーグ》へ出かけます。安息日に車を運転しない人も少なくありません。時間がゆっくりと流れているようです。礼拝が一週間のハイライトになります。

まず神の国と神の義を求めなさい。そうすれば、これらのものはすべて、それに加えて与えられます。（マタイ6・33）

人生の向きを仕事から礼拝へと変えるとき、不思議な経験をするようになります。人生がシンプルになります。シンプルとは単調との意味ではありません。すべての活動に一貫性が生まれるとの意味です。「神の国と神の義」を第一に求める、人生の向きを神への礼拝に向けるとき、人生が礼拝（神）中心に回り始めます。すると、神が人生を統合してくださり、すべての活動に一貫性が与えられるのです。不思議と無駄な働きがなくなるのです。心配や恐れでバラバラに引き裂かれた心が一つになっていくのです。

マルタとマリア

イエスが旅の途中、マルタとマリアの家を訪ねました。おそらく、事前連絡はなかったようです。マリアはイエスの足元に座り、みことばに聞き入りました。姉のマルタはおもてなしの準備がはかどらないことに苛立《いらだ》ちを募らせました。そして、彼女はイエスに向かって、「主よ。私の姉妹が私だけにもてなしをさせているのを、何ともお思いにならないのですか。私の手伝いをするように、おっしゃってください」（ルカ10・40）と不満をぶつけたのです。おもてなしをするはずだったのに、不満をぶつけてしまったのです。一貫性の対極が支離滅裂です。

パウロも、「私は、したいと願う善を行わないで、したくない悪を行っています」（ローマ7・19）とジレンマを告白しました。善（良き仕事）を行うことを願うのは悪いことではありません。マルタがイエスをもてなしたいと願ったことも全く問題はありません。しかし、パウロもマルタも「神の願い」よりも、自分の願い（良き仕事）に仕えようとし、本末転倒というジレンマに陥ったのです。マルタはイエスを利用して、妹マリアに手伝いをさせようとしたのです。イエスを自分の願いに仕えるように仕向けようとしたのです。マルタに悪意がなくても、「肥大化した願い」という偶像に仕えたのです。イエスはマルタに、「マルタ、マルタ。あなたはいろいろなことを思い煩って、心を乱しています。しかし、必要なことは一つだけです。マリアはその良いほうを選びました。それが彼女から取り上げられることはありません」（ルカ10・41〜42）と諭しました。

マルタとマリアのエピソードは、心の向きがもたらす結果の典型例です。マルタの心は仕事、マリアの心は礼拝に向けられていたと言えます。マルタの心には苛立ちが生じ、マリアの心には静寂がもたらされました。マリアがマルタよりも霊的であったとか、みことばを愛していたという問題ではありません。心の向きの問題です。

マルタにとって、給仕することは喜びでした（ヨハネ12・2）。仕事が好きな人も大勢います。朝、目を覚ました瞬間から仕事モードになる人がいます。私自身も仕事中毒に陥りやすい傾向を自覚しています。それだけに、礼拝に心を向けることに意識を集中させます。そうしなければば、すぐに心が仕事に向いてしまいます。牧師だからといって、自然と心が礼拝に向いているわけではありません。結果、マルタと同じ葛藤を経験することになります。人生や働きが思いどおりにいかないことに苛立ち、人が協力的でないと不満を抱きます。挙句の果てには、神が協力的でないと憤慨し、つまずきそうになります。神に喜ばれるためにしているはずなのに、神に腹を立ててしまいます。

イエスがマルタに「必要なことは一つだけです」と言ったのは、人生の向きのことです。人生には大切なこと、心を配るべき事柄が数え切れないほどあります。しかし、心が礼拝に向いていないと、心配事によって四方八方に引き裂かれます。マルタの心は引き裂かれたのです。しかし、マリアは心を礼拝に向けたのです。すると、神が人生を治めてくださっている「これらのものはすべて、それに加えて与えられます」との安心感に包まれます。この安堵感こそが安息日が与えてくれる魂の安らぎです。

安息日は主のもの

安息日と休日の決定的な違いは、「安息日」は主のものとして聖別することが求められていることです。

これを聖なるものとせよ。（出エジプト20・8）

安息日を聖とするとは、他の曜日と明確に区別すること、主のものとして取り分けることを意味します。ウェストミンスター信仰告白の第21章8節には「キリスト教安息日の守り方」について書かれています。

それで、この安息日は、人々が自分の心を正当に準備し、その日常の用務をあらかじめ整理したのち、この世の職業や娯楽についての自分の働き・言葉・思いから離れて、まる一日きよい休息を守るのみでなく、神礼拝の公的私的営みと、やむをえない義務と慈善の義務とに、全時間従事するときに、主に対してきよく守られる。（日本キリスト改革教会訳）

ウェストミンスター信仰告白は「この世の職業や娯楽についての自分の働き・言葉・思い」から離れることを聖別と捉えています。ヘッシェルの言葉と比較してみると、その違いが明らかになります。

贖罪日《しょくざいび》と違って、安息日は霊的目標だけに献《ささ》げられているものではない。魂の日であると同時に身体の日でもあるのだ。心地良さと楽しみとは安息日遵守の欠くべからざる部分である。人間の全人格、全能力がその祝福にあずからなければならないのである。(『シャバット』三三頁)

ユダヤ人にとっての安息日は「心地良さと楽しみとは安息日遵守の欠くべからざる部分である」とあります。E・P・サンダースは、一世紀のユダヤ人たちは金曜日の夜、豪華な晩餐《ばんさん》の後、夫婦は性的な関係を持つことが習慣となっていたと述べています。

金曜日の夜(安息日)、結婚している夫婦が性的関係を持つことが一世紀の安息日遵守の一環となっていたようだ。(E. P. Sanders, *JUDAISM: Practice and Belief*, p. 211)

聖別の問題は安息日に禁じられた仕事の定義によっても理解が異なります。神が禁じた仕事とは「この世の職業」ではありません。「この世の職業」という括《くく》りは大雑把すぎます。安息日を聖とするために禁じられた仕事は、後の章で詳しく考察します。

時間の聖別

ヘッシェルは、「ユダヤ教は時間の聖化をめざす時間の宗教である」（『シャバット』一五頁）と述べています。

十戒の第四戒は、時間を聖化することを命じています。安息日を「聖なるもの」とするとは、特定の曜日を神の特別な祝福が宿っている日と考えることではありません。

パウロはガラテヤのクリスチャンたちが異教の神々を崇拝していたときの慣習、特定の日を神聖化する古い習慣に立ち返ったことを厳しく非難しました。

> 今では神を知っているのに、いや、むしろ神に知られているのに、どうして弱くて貧弱な、もろもろの霊に逆戻りして、もう一度改めて奴隷になりたいと願うのですか。あなたがたは、いろいろな日、月、季節、年を守っています。（ガラテヤ４・９〜10）

パウロは、特定の日に祝福が宿っているとみなすことは、それらの日に束縛、支配されることになると警告しました。キリスト者はいかなる日にも束縛、支配されるべきではありません。

イエスの時代、ユダヤ人の宗教家たちが安息日を厳守し、民衆に遵守を求めたのは、安息日を蔑《ないがし》ろにしたことが要因となり、異邦人の支配を受けた屈辱的な過去があったからです。彼らはローマ帝国の支配を受けているのも、安息日が蔑ろにされていることが原因だと考えていました。安息日が彼らの偶像となっていたと言えます。キリスト者も主日を重んじるべきですが、偶像としないように心を見張る必要があるのです。

カデッシュ

「聖なるものとせよ」と訳されるヘブル語「カデッシュ」は、「区別する」「取り分ける」との意味です。安息日が「聖なるもの」とされるのは、他の日と明確に区別されるからです。口に入るものを拭く布巾と床を拭く雑巾は誰の目にもはっきりと分かるように区別します。布巾と雑巾は兼用しません。

しかし、安息日を他の日と区別するとは、安息日が聖なる日で、他の日が俗なる日との意味ではありません。安息日を汚すとは、他の日と同じように扱うことです。ウェストミンスター信仰告白は、安息日に「この世の職業と娯楽」から離れることを命じています。なぜなら、安息日を「聖と俗」という概念のもとで理解しているからです。しかし、「安息日を聖なるものとせよ」とは、聖と俗を分離することを命じているのではありません。ヘッシェルが言うところの「時間の聖化」とは、安息日を聖なる時間、他の日を俗なる時間と区別するとの意味ではありません。安息日を他の日と区別すること、「主のもの」とすることです。（すべては主のものですが、他の日と明確に区別することによって聖とします。）

キリスト教の霊性とは、人間存在全体を包括するものです。神の御子イエスの受肉こそ、キリスト教霊性の本質と言えます。ヘッシェルは、「安息日が身体を抜き去られた霊性に化す危険はない。安息日の精神は常に実際の行為、明確な行動と節制に一致していなければならないからである。現実的なものと精神的なものとは、生ける人間における身体と魂のように、一体である」（『シャバット』二九頁）と述べています。

安息日を聖別することによって人の全体性が分断されることとは、神の意図ではありません。安息日は「聖と俗」の分断を生むのではなく、聖と俗が統合され、人の全体性を回復させる日なのです。それは、エデンの園において人の営みが神との関係の中心に置かれていたように、仕事や遊びが神との関係の中に置かれることを意味します。

映画「炎のランナー」で描かれた実在のランナー、エリック・リデルは、オリンピックの百メートル競走が安息日と重なったため、出場を辞退しました。そして、四百メートル競走に出場し、見事、金メダルを獲得したのです。彼は俊足を神の恩寵と受け止め、速く走ることで神の栄光を現したいと考えました。しかし、安息日に神の栄光を現すために走る行為が神への礼拝という概念がなかったことは残念です。

こういうわけで、あなたがたは、食べるにも飲むにも、何をするにも、すべて神の栄光を現すためにしなさい。（Ⅰコリント10・31）

安息に入る

金曜日の日没が近づくと、イスラエルでは「シャバット・シャローム」と人々が挨拶を交わし合います。新年を迎える人々が時計の針が零時を指した瞬間、「ハッピー・ニューイヤー」と新年を喜び迎えるように、毎週、安息日は喜びをもって迎え入れられるのです。日没の少し前から、心を備えて待つのです。「別に五分、十分ぐらい時間が過ぎてもいいじゃないか」と思ってしまいます。しかし、そうしているうちに、三十分、一時間と安息日が失われていくのでしょう。厳密に言うと、安息日が失われるというよりも、安息日の祝福を受け損じていくのです。安息日を覚えるには、「入る」という能動的な行動が必要になります。

こういうわけで、私たちは恐れる心を持とうではありませんか。神の安息に入るための約束がまだ残っているのに、あなたがたのうちのだれかが、そこに入れなかったということのないようにしましょう。（ヘブル４・１）

ヘブル人への手紙4章1節の解釈は、将来の約束としての休息なのか、それともイエス・キリストによって成就された安息なのか、幅広い解釈があります。本書では神の安息に「入る」という概念を取り上げます。神の安息は信仰（信頼）によって入るものです。その意味でも、能動性が求められるのです。

イスラエルの民が奴隷の地エジプトを脱出し、安息の地カナンを目指したとき、神は、「あなたがたが足の裏で踏む場所は、ことごとくあなたがたのものとなる。荒野からレバノンまで、あの川、ユーフラテス川から西の海に至るまでがあなたがたの領土となる」（申命11・24）と約束しました。自分の足の裏で踏んだ場所が安息の地となるのです。しかし、イスラエルの民はカナンの地に自分たちよりも強い住民が住んでいることを理由に、その地に入り、所有することを頑なに拒みました。そして、彼らはモーセに向かって、「エジプトに墓がないからといって、荒野で死なせるために、あなたはわれわれを連れて来たのか。われわれをエジプトから連れ出したりして、いったい何ということをしてくれたのだ」（出エジプト14・11）と怒りをぶつけました。イスラエルの民は、神がカナンの地の住民を追い払っていてくださると思い込んでいたのです。カナンの地に住民が住んでいることを知らされたとき、彼らは神に裏切られたと号泣しました。彼らはモーセを罷免し、新しいリーダーを擁立しようとしました。また、約束の地カナンを所有することを強く訴えたカレブとヨシュアを石打ちで殺そうとしたのです。彼らは神の安息に対して他人任せな態度を取りました。しかし、神の安息に入るためには一人ひとりが不安と戦い、神を信頼して一歩を踏み出さなければなりません。

モーセの死後、ヌンの子ヨシュアが新しいリーダーとなりました。神はヨシュアに、「強くあれ。雄々しくあれ」（ヨシュア1・6）、「ただ強くあれ。雄々しくあれ」（1・7）、「強くあれ。雄々しくあれ。恐れてはならない。おののいてはならない」（1・9）と繰り返し命じました。また、民もヨシュアに「あなたは、ただ強く雄々しくあってください」（1・18）と願いました。

しかし私たちは、恐れ退いて滅びる者ではなく、信じていのちを保つ者です。（ヘブル10・39）

神の安息の地はイスラエルに所有される日を待っていました。そして、今も神の安息はキリスト者に所有されることを待っています。キリスト者は、神の安息に入るためには信仰によって踏み出さなければなりません。「神様、私の心配を取り去ってください」と祈ってもダメなのです。神が不安を取り去ってくださっても、神の安息に入るわけではありません。新しい不安が次から次へと波のように押し寄せてきます。

私たち夫婦が結婚し、最初に住んだ家の天井裏にイタチが住みついていました。夜中でも、突然「ドン」と大きな音をたてるので、業者に連絡し、捕獲をお願いしました。すると、業者の方が、「捕獲はしますが、また、舞い戻って来ますよ」と言われました。そのとき、「いたちごっこ」とはいたちの習性に由来していると思ったのですが、後で調べると違うようです。しかし、天井裏にいたちの天敵が住んでくれない限り、何度追い出しても舞い戻ったでしょう。

不安を心から取り去っていただいても、神の安息に入らない限り、再び不安に襲われるのです。エジプトを脱出したイスラエルの民を約束の地が四十年も待ち続けたように、神の安息もキリスト者一人ひとりが信仰によって足を踏み入れるのを待ち続けているのです。

第三章　安息日と創造

第四戒の本質

金曜日の日没、安息日が始まる前、二本のろうそくに火が灯されます。一本のろうそくは「覚えること」(Observe)、もう一本のろうそくは「思い出すこと」(Remember)の象徴です。出エジプト記20章と申命記5章の第四戒の説明内容が少し異なっています。出エジプト記20章では安息日を「覚える」という命令動詞が使われているのに対して、申命記5章では「思い出す」と命令形でない動詞が使われています。天地創造(第三章)とエジプトの奴隷状態からの解放(第四章)という二つの文脈の中で第四戒の本質を考えます。

神はご自分が造ったすべてのものを見られた。見よ、それは非常に良かった。夕があり、朝があった。第六日。(創世1・31)

天地創造の六日目、神は創造されたすべての被造物を見て、「非常に良かった」と満足しました。すべての被造物は創造主のオリジナル作品であり、神の御手のわざを称えています（詩篇19・1）。

神が六日間で創造された被造物の中で、「聖」とみなされたものはありませんでした。しかし、神は第七日を「聖なるもの」としました。

主は安息日を祝福し、これを聖なるものとした。（出エジプト20・11）

時間の聖が先にきて、ついで人間の聖ができ、そして最後に空間の聖がきたのである。（ヘッシェル『シャバット』一八頁）

世界が聖別される前に人の聖化が必要であり、人の聖化の前に安息日が聖なるものとされる必要があるのです。安息日が汚されると、人、世界も罪に汚染されると言えるのかもしれません。時間の聖別を蔑《ないがし》ろにしていたら、聖化は進まないでしょう。

創造の完成への信頼

神は第七日に、なさっていたわざを完成し、第七日に、なさっていたすべてのわざをやめられた。（創世2・2）

天地創造の第七日、神は創造のわざを完成し、「すべてのわざをやめられた」のです。新改訳第三版では、「すべてのわざを休まれた」となっていました。「休む」と訳されたシャバットは「止める」との意味です。「すべてのわざをやめられた」との訳のほうが安息日の本来の意味を明確にします。「休まれた」と訳されると、疲れを癒やすことが目的に思えます。しかし、神は創造のわざを完成したので、「すべてのわざをやめられた」のです。

安息日は、神のみわざの完成を魂と体の休息をもって宣言する日です。

安息日を守るのは、神がこの世を支配していると信じる一つの証である。したがって、私たちが物事を正しい方向へ持っていこうとする必要はない。神は私たちの労働は歓迎するが、私たちが創造に寄与できる部分は限られている。神は創造したすべてを信頼し、たとえ神が休んでいようともこの世が存在し続けるという十分な確信をもって創造された。

私たちも、それを信じるべきである。（ウィリモン『神の真理 ― キリスト教的生における十戒』七七頁）

安息日を覚えるのは、休息することによって神の統治への信頼を深めることです。神が七日目にわざをやめたのは、神ご自身の直接的な関与なしに世界が回り始めるからです。地球の地軸は公転面に対して六六・六度（赤道は公転面に対して二三・四度）の傾きを保ちながら自転し、太陽の周りを反時計回りに一年で一周公転します。この傾きが少しでもズレると大変な気候変動が起こると予想されています。

ユージン・ピーターソンは、「安息日遵守の命令は、世界の運営にあたって人間の日々の働きが欠かせない、と思い込んでいる私たちの姿勢に挑戦するものである」（『牧会者の神学』九三頁）と述べています。安息日は、自分の働きを過大評価している人への挑戦なのです。天地創造の神がご自身の直接的な関与なしに世界が回ることを信頼し、休んだとするなら、キリスト者は自分の働きなしに世界（自分が置かれた世界）が回ることをへりくだって認めなければなりません。

「安息日を覚える」とは、自分の魂に向かって、「私がいなくても世界は回る」と宣言することなのです。安息日、キリスト者は自分が存在しない世界を想像し、自分の働きがなくても「会社、教会、家族は大丈夫だ」とへりくだって認めるのです。人は唯一無二の存在ではありますが、その働きは代替可能なのです。

神が養い育ててくださった

私の父は三十三歳の時、大阪にある高尾山で徹夜祈禱中に召されました。二人の祖母、母、そして、九歳の私を筆頭に、八歳、七歳、一歳、生後二週間の子どもが残されたのです。葬儀に参列してくださった方々が遺された家族の将来を案じ、祈ってくださいました。経済的な支援をしてくださった方もおられました。しかし、母の新しい仕事の関係で、住み慣れた町を離れたこともあり、私たち家族の存在は少しずつ忘れられていったように思います。人にはそれぞれの生活があるので仕方がないことです。

長い歳月が経ち、私がある集会でメッセージを終えたとき、一人のご婦人が近づいて来られました。「豊田先生は、豊田龍彦先生の息子さんですか?」と尋ねられたので、「はい。そうです」と答えました。すると、「えー」と驚かれました。その方が大学生一年生の時、聖書研究会の先輩に連れられて、父の葬儀に参列してくださっていたのです。母の横でうなだれる子どもたちの姿を見て、心痛め、将来を案じてくださいました。時々、「あの子どもたちはどうしているのかな」と心配してくださったそうです。「神様がちゃんと面倒を見てくださっていたのですね」との言葉を聞き、神が見捨てず、養い育ててくださったと改めて思わされました。

父亡き後、母は朝から晩まで懸命に働き、家族を養ってくれたことは確かなことです。しかし、神は母を支え、守っていてくださったのです。私にとって父は唯一無二の存在であることは変わりありませんが、アメリカ人の二人の牧師が父親のように接してくださったことで、実の父から受け取れなかった承認や励ましをいただきました。

人の存在価値が唯一無二性にあることを認めつつも、働きは代替可能であることを受け入れることが大切です。

牧師になりたての頃、年末年始、妻の実家に帰省中、携帯電話が普及していなかった時代でしたので、自宅の留守電にメッセージが入っていないか、三十分ごとに確認していました。責任感というよりも自分の働きを過剰に評価していたのだと思います。

イエスの埋葬

金曜日の午前九時、イエスは十字架に釘付けられました。イエスは十字架の上で六時間も苦しみ、午後三時、「父よ、わたしの霊をあなたの御手にゆだねます」（ルカ23・46）と祈り、静かに息を引き取りました。日没の時間が近づき、安息日が始まろうとしていました。安息日が始まる直前、イエスが埋葬されたことは偶然だったのでしょうか。

イエスの埋葬の解釈もさまざまです。「屈辱的な敗北」「完全な安息」と、見解が真っ向から対立しています。聖書が死を「最後の敵」と呼んでいることから、プロテスタント教会では、イエスの埋葬は死に対する敗北、屈辱とみなされてきました。

しかし、イエスの最後の祈り、「わたしの霊をあなたの御手にゆだねます」との祈りは、敗北の色で染められたイエスの埋葬に光を与えているのではないでしょうか。イエスの埋葬は死に対する敗北ではありますが、父なる神への全幅の信頼による完全な休息と解することもできます。イエスは十字架の上で「完了した」と告げました。イエスは償いの代価を完済したのですが、救いを完成したわけではありません。救いの完成は父なる神の全能の力に託されたのです。息を引き取り、埋葬されたイエスは、救いの完成を父なる神にゆだね切り、休息している姿でもあるのではないでしょうか。

神は主をよみがえらせましたが、その御力によって私たちも、よみがえらせてください

ます。（Ｉコリント６・14）

静寂

神は第七日に、なさっていたわざを完成し、第七日に、なさっていたすべてのわざをやめられた。（創世２・２）

神は被造物の創造を六日間で終えましたが、「神は第七日に、なさっていたわざを完成し」た、とあります。神は第七日目に何を創造したのでしょうか。ヘッシェルは、中世のラビであるラッシー（通称 Rashi）の言葉を引用しています。

「第七日に創造されたものはなにか、静寂、沈着、平安、くつろぎである」。聖書的精神にとって menuha「ミンハー」は幸福と静寂と同じ、平和と調和と同質である。（中略）「主はわが羊飼い。わたしにはなに一つ欠けたものはない。主はわたしを緑の牧場に伏させ、憩いの水辺に導かれる」（「ミンホットの水辺に」の意）。ミンハーは来世における生の、永遠の生の同義語となった。（『シャバット』四〇頁）

神様が第七日に創造されたものが静寂（ミンハー）です。安息日に創造された静寂の役割は、神の被造物の平和と調和を保つことでした。第七日目が他の日と違うのは、「夕があり、朝があった」との記述がないことです。この解釈はさまざまですが、神が第七日目に創造された静寂には終わりがなく、第八日目以降の日々の中に置かれるはずであったと考えます。しかし、堕落によって静寂の永続性は見失われてしまいました。

神が七日目に創造された静寂（ミンハー）を理解するために、ラッシーの言葉を引用します。

六日間の神の創造のわざに欠けていたのが神の休息、静けさ、平安、平和を意味する静寂、ミンハーであった。聖書の知識から言えることは、静寂（ミンハー）は物事があるべき状態に保たれていることで得られる幸福と調和を示唆しており、静寂（ミンハー）は平和（シャローム）と深く共鳴している。それは、幸福と喜びの能力である。人間性よりも、むしろこの幸福と喜びの能力こそが神の創造の最高の成果である。(Norman Wirzba, *Living the Sabbath*, p. 33)

神が第七日目に創造された静寂がすべての被造物に平和と調和を与えているとの考えは、非常に興味深いものです。キリスト者にとっての平和とは、争いがない状態のことではなく、すべてを支配しておられる神の静寂に憩いを見いだすことです。羊飼いなるイエスはキリスト者の魂を「いこいの水のほとり」、神の静寂へと導いてくださいます。安息日は神の静寂に憩う日なのです。

ナオミが夫エリメレクと二人の息子に先立たれたとき、モアブの地から故郷ベツレヘムに帰ることを決心しました。ナオミは若くして未亡人となったモアブ人のオルパとルツの将来を案じ、母の家に帰るように促し、別れを告げました。ナオミは、「主が、あなたたちがそれぞれ、新しい夫の家で安らか（ミンハー）に暮らせるようにしてくださいますように」（ルツ1・9）と祈りました。ナオミは夫に先立たれた二人が、すべてを支配しておられる神の静寂に憩うことを願ったのです。ナオミにとって幸福は静寂（ミンハー）と同じ意味だったのでしょう。

神が第七日に創造された静寂（ミンハー）は、幸福と喜びの能力、すなわち、「遊び心」を呼び覚ますものです。キリスト者にとって「静まり」も大切な霊的修練です。しかし、第七日目、神が創造された被造物を喜び、楽しまれたように、安息日はキリスト者に忘れていた遊び心を呼び覚まし、神と共に喜び楽しむ日なのです。日本のキリスト教の礼拝に欠如しているのは、神の被造物を喜び、楽しむことではないでしょうか。キリスト者は緊張に抵抗する手段として、喜び楽しむことを選びます。

恵みのリズム

神は六日間で創造のわざを完成し、七日目に休みました。大半の国は週七日のサイクルを採択しています。週六日でも、週八日でもなく、週七日のサイクルが定着しているのは、人間がそのようなリズムで活動し、休むように造られたからでしょう。神が人を創造したのは六日目、すべての被造物の最後でした。人が創造された時点では、人のために残された仕事はありませんでした。人が最初に迎えた日が第七日目、安息日でした。人の営みは安息から始まりました。ここにも、安息が活動を促すものではないことが示唆されています。この恵みのリズムは、週単位だけでなく、日単位でも大切になります。

私たちは目覚める。そして今度は神の創造的な行為に参与するように招かれる。私たちは信仰によって神に応答し、働くことによって神に応答する。しかし、先行するのは常に神の恵みである。この恵みこそ第一のものなのである。私たちは、私たち自身が造り出したわけではない世界の中で目覚め、私たちが受けるに値しない救いの中で目覚めるのだ。

（ユージン・ピーターソン『牧会者の神学』九一頁）

イスラエルの一日の始まり（終わり）は日没からです。一般的には日の出が一日の始まりと考えられています。朝起床し、活動することから一日が始まります。しかし、イスラエルの一日は就寝、休息から始まります。ピーターソンが「先行するのは常に神の恵みである」と主張するのは、アダムとエバが迎えた最初の日が安息日だったことに基づいています。アダムとエバは自分たちから働きを始めませんでした。神が始めた働きに招かれたのです。人が働きを始めて、神に助けを求めるのではなく、神が始めた働きに人は招かれているのです。神と共に働くようにと召されているのです。孤立奮闘するのではなく、神との協働です。神の恵みがいつも先行します。恵みのリズムが乱れる、すなわち人の働きが先行すると、苛立《いらだ》ちや焦燥感を抱くことになります。この苛立ちや焦燥感が人を駆り立てていきます。結果、孤立奮闘するはめになるのです。

何もしてくださらない神

それでは、恵みが先行することを具体的にどのように理解し、恵みのリズムを習得すればばいいのでしょうか。何よりもまず、先行する神の働きを信頼することです。しかし、キリスト者が神に対して抱く誤解の一つが、「神が何もしてくださらない」ではないでしょうか。ダビデは詩篇13篇のなかで苦悩を吐露しています。

主よ　いつまでですか。
あなたは私を永久にお忘れになるのですか。
いつまで　御顔を私からお隠しになるのですか。（詩篇13・1）

神から深く愛されたダビデも、神に忘れられているとの拒絶感や孤立感に苦しみました。神に対して「精力的に働かれる神」というイメージを抱けないなら、自分のことは自分でしなければならなくなります。

父なる神は何もしていないのではなく、休まずに働き続けています。イエスの働きに対する能動的な態度は、「精力的に働く神」というイメージに深く根づいていました。神が休んだとは「何もしなかった」との意味ではなく、静寂を創造されたのです。イエスの働きは、何よりも父なる神の働きに目を留めることから始まりました。

安息日、イエスがエルサレムの羊の門の近くにあったベテスダと呼ばれた池の傍らで三十八年間も病で伏せていた人を見て、「起きて床を取り上げ、歩きなさい」(ヨハネ5・8)と命じたところ、その人は起き上がって歩き出したのです。すると、ユダヤ人たちがその人に向かって、「今日は安息日だ。床を取り上げることは許されていない」(5・10)と厳しく諫《いさ》めました。「床を取り上げる」ことを仕事とみなしたからです。イエスは、「わたしの父は今に至るまで働いておられます。それでわたしも働いているのです」(5・17)と語りました。イエスは父なる神が働いておられるので、わたしが働くのは当然のことだと言ったのです。

霊的導き

ピーターソンは、牧師の務めとして「霊的導き」の重要性について語っています。彼が教会を数週間留守にしていたとき、長老からある教会員が牧師を批判したことを聞かされました。長老は事態が深刻になる前に、迅速な対処を要望しました。ピーターソンは綿密な計画を立て、問題に対処しようとしました。その直前、友人から霊的導きを受けました。

君はこの場合、単なる義憤という以上に君を怒らせているなにかがあるように思わないか？　それは君自身ですら思ってもいなかったような、隠れた自尊心の現れだとは考えられないだろうか。なぜ君はその怒りのいろいろな次元と細部を探究しようとしないのだ。それから、その騒動自体についていえば、もし聖霊が働いて、教会員たちの間になにか新しい事態を準備しているのだとすれば、どういうことになるだろう？　今まで穏やかだった水面に白波が逆巻いているように見えるものの原因が、批判家たちのささやきなどではなく、聖霊による風だとしたら、どうだろう？　なにかきわめて創造的な出来事が生じようとしている時に、時期尚早に君が働きかけて、むやみやたらと平穏な状態を回復させることがはたして可能だろうか？（『牧会者の神学』一九一〜一九二頁）

霊的導きとは、カウンセリングとは異なり、他者や自らのうちで働いている神の働きに関心を向けることです。友人はピーターソンに、怒りの外発的な要因よりも内発的な要因に目を向けることを促しました。

私たちは問題を解決することばかり考えてしまいます。「問題のない」状態が神の祝福だと考えるからです。カウンセリングは、「なぜ、この人はこのような行動をするのか？」と問います。霊的導きは、「神はこの人のうちで何をしておられるのか？」と問います。問題を解決することよりも、神の働きに協力することが求められます。

「批判家たちのささやき」なのか、「聖霊の風」なのか、神の働きがいつも先行しているとの確信を持ちたいのです。神との協働は、神の働きへのリスペクトから始まります。

生まれつき目が見えない人

イエスと弟子たちが歩いていると、生まれつき目の見えない人に目を留めました。その日は安息日でした。弟子たちはイエスの視線の先にいたその人について、「先生。この人が盲目で生まれたのは、だれが罪を犯したからですか。この人ですか。両親ですか」（ヨハネ9・2）と質問しました。当時、先天的な苦しみは母親が胎に子を宿したとき、両親が重大な罪を犯したか、胎の中で本人が罪を犯したか、そのどちらかに要因があると考えられていました。すべての苦しみを因果応報の枠組みに押し込めました。

聖書は、「思い違いをしてはいけません。神は侮られるような方ではありません。人は種を蒔けば、刈り取りもすることになります」（ガラテヤ6・7）と「種蒔きの法則」を教えています。しかし、弟子たちの質問は、ただの言いがかりのようでした。生まれつき目の見えない人は、苦しみに寄り添われるどころか、いわれのない責めの言葉を浴びせられてきたのです。

しかし、彼は生涯で一度も聞いたことのない言葉を耳にすることになりました。イエスは、「この人が罪を犯したのでもなく、両親でもありません。この人に神のわざが現れるためです」（ヨハネ9・3）と答えました。イエスは父なる神がその人の人生において働いていること、やがて、その働きが明らかにされることを告げました。神の働きは彼の目を開くことだけでなく、イエスが約束された救い主であることの証人とすることでした。

彼の先天的な苦しみが神の召命と結びついているなど、誰の思いにも浮かびませんでした。神の働きは信仰（信頼）の目をもって観察するものです。イエスも、「子は、父がしておられることを見て行う以外には、自分から何も行うことはできません」と語りました。キリスト教霊性では、神を理解することよりも、神を見ることに重きが置かれているのはそのためです。

神にとどまる

あるとき、弟子のピリポがイエスに、「主よ、私たちに父を見せてください。そうすれば満足します」（ヨハネ14・8）とお願いしました。すると、イエスは、「ピリポ、こんなに長い間、あなたがたといっしょにいるのに、わたしを知らないのですか。わたしを見た人は、父を見たのです。どうしてあなたは、『私たちに父を見せてください』と言うのですか」（14・9）と驚かれました。イエスの驚きはピリポだけにではなく、すべてのキリスト者にも向けられているのでしょう。私たちはイエスについて何を知っているのでしょうか。救い主、贖《あがな》い主、良い羊飼い、癒やし主……。

近年、プロテスタント教会の間でも観想的な祈り（Contemplative Prayer）の重要性が見直されてきています。なぜなら、神を理性的に知ることでは魂の渇望が満たされないからでしょう。観想的な祈りとは神の臨在に関心を向けることです。イエスが「わたしが父のうちにいて、父がわたしのうちにおられることを、信じていないのですか」（14・10）と言ったのは、三位一体の関係が「互いの臨在に留まる」という真理を示唆したのです。イエスは弟子たちに、「わたしにとどまりなさい。わたしもあなたがたの中にとどまります」（15・4）と命じました。イエスにとどまるとは、神のことばにとどまることだけでなく、今、この瞬間、ご臨在しておられるイエスに深く関心を向けていくことでもあります。

六日間の仕事

六日間働いて、あなたのすべての仕事をせよ。（出エジプト20・9）

安息日を覚えるには、「六日間働いて、あなたのすべての仕事をせよ」との命令を正しく理解しなければなりません。一週間分の仕事すべてが終わらないと休めないとの意味ではありません。人が六日間働いたなら、未完成の仕事は神にゆだね、安息日の休息に入ります。

ヘッシェルの言葉を引用します。

果たして人間は六日のうちにすべての仕事をし遂げることができるであろうか。われわれの仕事は常に未完成に留まるのではなかろうか。この一節の言わんとすることはこうだ。安息日には、あたかもあなたのすべての仕事が完了したかのように、休息せよ。別の解釈ではこうなる。労働の思いからすら解放されて休め。（『シャバット』五四〜五五頁）

安息日を迎えるとは、ヘッシェルが言うように「すべての仕事が完了したかのように、休息せよ」との意味です。神に仕事の完成をゆだねるのです。なぜなら、すべての働きは神から委託されたものであり、神が最終的な仕上げをするからです。

「安息日」とは神の制約です。神の制約の中に生きることを通して、仕事の完成を神にゆだねることを学びます。神との境界線とは神の制約、人の限界です。原罪が「神のようになれる」との万能感への誘惑であったことを考えると、「神のようにはなれない」ことを思い知らせてくれる「神の制約」は神の恵みです。安息日という神の制約を神の恵みとして受け入れるには、「高ぶり」が砕かれる必要があります。

パウロも「肉体のとげ」という神の制約を受け入れることに葛藤しました（Ⅱコリント12・7〜8）。なぜなら、彼にとって「肉体のとげ」は福音宣教の働きを妨げるとしか思えなかったからでしょう。しかし、彼は、「わたしの恵みはあなたに十分である。わたしの力は弱さのうちに完全に現れるからである」（12・9）との神のことばを聞いたとき、神の制約に対する態度を一八〇度変えました。彼は、「ですから私は、キリストの力が私をおおうために、むしろ大いに喜んで自分の弱さを誇りましょう」（12・9）と、神の制約を神の力が現される恵みと理解するようになりました。

ゆだねることの実践

仕事の完成を神にゆだねることに関して、二つの誤解があります。一つ目は自己責任の放棄です。「すべてをゆだねます」との告白は信仰的な響きがします。しかし、「すべて」の中に自己の責任が含まれているなら、神に肩代わりしてはもらえません。「六日間働いて、あなたのすべての仕事をせよ」と命じられているからです。

イスラエルの民が安息の地に入ることを拒んだ理由は、その地に強い住民が住んでいたからです。カレブとヨシュアを除く十名の偵察隊は、「あの民のところには攻め上れない。あの民は私たちより強い」（民数13・31）と報告しました。イスラエルの民は神に裏切られたと受け止め、夜通し泣き明かしました。なぜ、彼らは神に失望したのでしょうか。彼らは神がカナンの地の住民を追い払ってくださっていると期待していたからです。しかし、神はモーセを通して、「あなたの神、主はこれらの異邦の民を徐々にあなたの前から追い払われる。あなたは彼らをすぐに絶ち滅ぼすことはできない。野の獣が増えて、あなたを襲うことのないようにするためである」（申命7・22）と告げていました。そして、「あなたがたが足の裏で踏む場所は、ことごとくあなたがたのものとなる」（11・24）と言ったのです。神との境界線は、神の責任だけでなく、人の責任を明確にします。神との協働が求められているのです。

二つ目の誤解は「人事を尽くして天命を待つ」という考えです。この思想は、「疲労の偶像化」と密接に関係しています。神は疲労困憊《ひろうこんぱい》し、万策が尽きるまでは助けてくださらないとの誤解です。勤勉なキリスト者が陥りやすい罠です。過剰な責任を引き受けてしまいます。結果、神が働かれる機会を奪い、時機にあった神の助けを受け損じることになります。

ですから私たちは、あわれみを受け、また恵みをいただいて、折にかなった助けを受けるために、大胆に恵みの御座に近づこうではありませんか。（ヘブル４・16）

旧約の時代、地上における神の御座は天幕や神殿内の至聖所と呼ばれる場所に置かれました。至聖所には契約の箱が置かれていて、十戒が刻まれた二枚の板とアロンの杖、マナが収められていました。「宥《なだ》めのふた」（Mercy Seat）が契約の箱の上を覆っていました。神の義がむき出しになっていたなら、誰ひとりとして神の御座に近づけないからです。大祭司だけが一年に一度、イスラエルの民の罪の償いのため、いけにえの血を携えて至聖所に入り、その血を「宥めのふた」の上に七度ふりかけました。神が罪の償いを受け入れてくだされば、大祭司は生きて至聖所から出ることができました。その瞬間、イスラエルの民は自分たちの罪が赦されたことを知りました。

イエスが十字架の上で息を引き取ったとき、「神殿の幕が真ん中から裂けた」（ルカ23・45）のです。神殿の幕とは、聖所と至聖所を仕切る幕でした。仕切りの幕が裂けた瞬間、「裁きの座」が恵みの座となったのです。一年に一度、大祭司だけしか近づけなかった御座に、「折にかなった助け」をいただくために、いつでも、どんな状態であっても、大胆に近づけるのです。

ダラス・ウィラードは、「神にゆだねる」とは結果を神にゆだねることだと説明しました。

イエスのくびきを負うことで、私たちが何よりも学ぶものは、イエスと行動を共にするだけでなく、その結果を神にゆだねることです。（『心の刷新を求めて』三七六頁）

イエスは息を引き取る前、「完了した」（ヨハネ19・30）と言いました。救いの完成を宣言したのではなく、ご自身の働き、罪の償いを終えたとの意味です。しかし、まだ救いは完成していませんでした。イエスは十字架の上で、「父よ、わたしの霊をあなたの御手にゆだねます」（ルカ23・46）と言って、息を引き取りました。最終的な結果をゆだねられたのです。

第四章　安息日と奴隷の地エジプト

救いの目的

あなたは自分がエジプトの地で奴隷であったこと、そして、あなたの神、主が力強い御手と伸ばされた御腕をもって、あなたをそこから導き出したことを覚えていなければならない。それゆえ、あなたの神、主は安息日を守るよう、あなたに命じたのである。（申命5・15）

新しいリーダー、ヨシュアが新しい世代の民と約束の地を目指そうとしたとき、モーセは十戒を授けました。出エジプト20章では「安息日」を「守る」ことが命じられましたが、申命記5章では、「思い出すこと」「記憶する」が命じられました。

毎年、受洗記念日を祝う人がいます。安息日ごとにエジプトの地で先祖が奴隷であったことを思い出すのは、救いの目的を忘れないためです。奴隷から解放された目的は、安息に入るためでした。奴隷状態からの解放は、自由よりも、安息を得るためでした。安息こそ救いの究極の目的なのです。しかし、約束の地を所有したイスラエルの民はモーセの忠告を忘れ、先祖がエジプトの地で奴隷だったことを思い出さなくなりました。結果、安息日が蔑《ないがし》ろにされるようになりました。

もう一つ大切な点は、「奴隷状態から贖われた」という事実がイスラエルの民族的なアイデンティティ（自己認識）の核を形成するからです。安息日が疎《おろそ》かにされることで、民族的なアイデンティティは喪失していきました。キリスト者にとっても同じことが言えます。キリスト者のアイデンティティにとって、安息は核となる要素です。

あなたがたは、代価を払って買い取られたのです。ですから、自分のからだをもって神の栄光を現しなさい。（Ⅰコリント6・20）

神の栄光を現す生き方には、「代価を払って買い取られた」という事実によって形成されるアイデンティティが欠かせません。キリスト者にとっても安息日は、神の栄光を現す目的のために「買い取られた」ことを忘れず、思い返す日なのです。安息日が蔑ろにされた結果、イスラエルの民は民族的アイデンティティを見失い、異邦の神々に従属するようになり、安息の地カナンは奴隷の地、第二のエジプトに変わり果てました。繁栄を約束する農耕の神バアルが崇拝されるようになり、民は自ら進んで仕事の奴隷となりました。

「奴隷度」という言葉はありませんが、奴隷状態の程度を計るのは「保障された自由」よりも「魂の安息」です。国際的に比較しても日本は自由が保障されていますが、魂の安息は脅かされています。昔、米国の教会の礼拝メッセージを聴いていたとき、説教者が「Karoushi」(過労死)という言葉の意味を説明していました。会衆は、先進国の日本において、奴隷のように働かされて命を落とす人がいることが信じられない様子でした。命は落とさないまでも精神的に支障をきたし、仕事を辞す人の数は一向に減る気配がありません。

奴隷の地エジプト

モーセは、同胞のヘブル人を助けるためにエジプト人を殺害したことがエジプトの王のファラオに知られたとき、エジプトを脱出し、ミディアンの地へ逃亡しました。その地で、祭司イテロの娘チッポラと結婚し、男の子を授かりました。歳月が経ち、王ファラオが死んだとき、ヘブル人たちは苦役の重さに耐え切れなくなり、叫び声を上げました。彼らは神に向かって叫んだわけではありませんが、叫びは神に届いたのです（出エジプト2・24）。

神はモーセとアロンを新しいエジプトの王ファラオのもとへ遣わし、神の言葉を告げました。

「わたしの民を去らせ、荒野《あらの》でわたしのために祭りを行えるようにせよ。」（出エジプト5・1）

神はファラオにヘブル人の奴隷たちを労働から一時的に解放し、ご自身を礼拝させるようにと要求しました。礼拝が安息日の原点です。神はファラオに、「わたしの民は疲れているので、休みを与えよ」とは言いませんでした。それは、神が疲労困憊《ひろうこんぱい》していたヘブル人たちの休息よりも礼拝を重んじたからではありません。礼拝こそ、究極の安息をもたらすからです。神を神として崇《あが》めるとき、神との境界線が明確に築かれ、神のようになろうとする重荷を下ろすことができるからです。

礼拝厳守？

個人的には「礼拝厳守」という言葉は好きではありません。「疲れていても礼拝に行くべきだ」という言葉を耳にしたことがあります。「礼拝厳守」という考えは、安息日の意味を履き違えています。

弟子たちが麦の穂を摘み、実を食べたことをパリサイ派の人が非難したとき、イエスは、「安息日は人のために設けられたのです。人が安息日のために造られたのではありません」（マルコ2・27）と教えました。「ユダヤ人が安息日を守ったのではなく、安息日がユダヤ人を守ってきた」という表現があります。キリスト者が安息日を守るのではなく、安息日がキリスト者を守るとも言えます。その意味では、「礼拝を守っていますか？」ではなく、「礼拝はあなたを守っていますか？」と問うべきでしょう。

安息日を至上の日として讃え、その厳守を強調しても、ラビたちはそれについての律法を神と崇めることはしなかった。「安息日があなた方に与えられたのであって、あなた方が安息日に与えられたのではない」。いにしえのラビたちは、過度の敬虔は律法の本質の成就を危うくしかねない、と知っていた。「トーラーによれば、人間の生命を保つことに優る重要事はない。生命が危うくされる可能性がほんの少しでもあれば、律法のあらゆる禁止規定を無視してかまわない」。（ヘッシェル『シャバット』三〇頁）

「礼拝厳守」という考えに礼拝を尊ぶ意図があっても、安息日の戒めを本末転倒的に捉えています。律法よりもいのちが大切なのです。イエスは空腹のダビデと部下たちが祭司のために聖別されたパンを食べた出来事を引き合いに出しました。イエスはいのちを保つためなら、聖別されたパンを食べることは何も問題ないと言いました。いのちのほうが律法よりも重いのです。

「放蕩《ほうとう》息子の譬《たと》え」の中で、放蕩息子が極限の空腹感から豚の食べているいなご豆でお腹を満たそうとしたとき、「我に返る」と、父の子であることに立ち返りました。我に返った彼の告白に驚かされます。

「父のところには、パンのあり余っている雇い人が、なんと大勢いることか。それなのに、私はここで飢え死にしようとしている。」（ルカ15・17）

彼の目の前にはいなご豆を食べている豚がいるのに、彼は飢え死にしそうになっているのです。なぜ、豚を殺して食べないのでしょうか。宗教的に穢《けが》れた豚を食べて、穢れた者とみなされるぐらいなら、飢え死にすることを選ぶからでしょう。この箇所を読むたびに豚が「生姜焼き」に見えて仕方ないのです。

プロテスタント教会は神のことばを神と等しく捉えるため、「みことばよりも自分のいのちのほうが大切です」とはなかなか断言できないのではないでしょうか。その結果、「礼拝厳守」や肉体の軽視という問題を生じさせているでしょう。

「疲れの偶像化」は日本の教会にとって深刻な問題です。「みことばに従う」という大義があれば、心身の不調さえも是とされる危険があります。

ファラオの反発

ファラオはモーセの言葉に強く反発し、「主とは何者だ。私がその声を聞いて、イスラエルを去らせなければならないとは。私は主を知らない。イスラエルは去らせない」(出エジプト5・2)と心頑なになりました。ファラオは、ヘブル人に神を礼拝するために「休み」を与えるなど、言語同断だと憤りました。安息日を覚えることは霊的な戦いの主戦場です。神の救い、贖いの究極の目的は人を滅びから救い出すためだけでなく、神を礼拝する者、「真の礼拝者」とすることです。その意味では、「奴隷」の対極は自由人ではなく、「真の礼拝者」なのです。そして、真の礼拝者は安息の中で育まれていきます。

ファラオは、「主とは何者だ」と、見知らぬ神の命令に従う義務はないと言い放ちました。ファラオが奴隷の神に興味がないのは当然です。支配者ファラオはヘブル人の神の上に君臨していると高ぶっていたのです。ファラオにとって奴隷の神など関心外でした。しかし、「主とは何者だ」との言葉には、「安息を命じる神など聞いたことがない」というニュアンスも含まれているのではないでしょうか。ファラオが崇拝したエジプトの神々は「搾取の神」でした。人は崇拝するものと同化していきます。ファラオは安息を命じる神の存在を信じることができなかったのです。

ファラオはモーセに向かって、「モーセとアロンよ、なぜおまえたちは、民を仕事から引き離そうとするのか。おまえたちの労役に戻れ」（出エジプト5・4）と命じました。ファラオの言葉から、民と仕事は従属関係にあったことが分かります。奴隷は仕事と一体でした。奴隷は仕事抜きには自分のことが語れないのです。仕事がアイデンティティの核となっています。憤慨したファラオは監督や人夫かしらを呼び、レンガの材料となる藁《わら》を奴隷たちに調達させることを命じました。ファラオは材料調達に時間を要しても、一日のノルマ、作るレンガの量を減らしてはならないと厳しく命じました。奴隷の分際で礼拝のために休みを要求するのは、「怠け心」の仕業だと考えたからです。

「しかも、これまでどおりの量のれんがを作らせるのだ。減らしてはならない。彼らは怠け者だ。だから、『私たちの神に、いけにえを献げに行かせてください』などと言って叫んでいるのだ。」（出エジプト5・8）

怠け心と安息

勤勉さという言葉は、勉強と仕事に関連づけられています。安息と関連づけられることはありません。「あの人は休むことには勤勉だ」という表現には蔑《さげす》みが含まれています。しかし、神は勤勉さを安息と関連づけているのです。イスラエルの民は仕事の怠惰さではなく、安息日を蔑《ないがし》ろにすることで民から断ち切られました。

「あなたがたは、この安息を守らなければならない。これは、あなたがたにとって聖なるものだからである。これを汚《けが》す者は必ず殺されなければならない。この安息中に仕事をする者はだれでも、自分の民の間から断ち切られる。」（出エジプト31・14）

ヘブル人たちが神を礼拝するために休みたいと願ったわけではないのですが、ファラオは彼らが余計なことを考えないために、仕事漬けの生活を強いたのです。彼にとってレンガの一つも生まない礼拝など怠惰心の表れであり、軽蔑し、憎むべきものでした。怠惰心が国を衰退させると恐れていたからです。

エジプトの神々は生産性と深く結びついていました。不作が続くと農耕の神は「役立たずの神」として淘汰《とうた》されます。神々も生産性のモノサシで計られたのです。当然、奴隷も生産性というモノサシだけで存在価値を計られました。一日に作るレンガの量でいのちの価値が計られたのです。いのちの価値は、レンガの量以上でも以下でもありませんでした。現代人のいのちの価値は、何をもって計られているのでしょうか。

奴隷の地エジプトから救い出されたヘブル人たちは、過酷な労働だけでなく、生産性によっていのちの価値が計られる「搾取のシステム」から自由にされたのです。安息日ごとに奴隷状態から解放されたことを思い出す目的は、再び生産性で自分のいのちの価値を計ることがないためです。しかし、神の警告にもかかわらず、約束の地に定住したイスラエルの民は、独自の搾取システムを構築し始めたのです。安息日は蔑ろにされ、七年ごとの土地の休息も守られなくなりました。

ファラオの恐れ

奴隷には、休みはありませんでした。命が尽き果てるまで働かされました。ファラオが奴隷たちから休みを奪い続けたのは「欠乏」への強い不安感からでした。エジプトの地で神のように崇《あが》められ、絶対的な権威者として君臨するには、自国の民に食料を滞りなく供給すること、「自国民を養うこと」が絶対条件でした。食料の配給が滞ると、たちまち権威は失墜することになりました。結局、ファラオも生産性で自分のいのちの価値が計られていたのです。

ブルッゲマンはファラオが奴隷に休みを与えず、達成不可能なノルマを課し、レンガを作らせたのは、食料を貯蔵する倉庫を建設するためだったと説明しています。

ファラオは最終責任者として、毎日の生産スケジュールを監視していたに違いありません。安息日はありませんでした。その結果、ファラオの部下、工事管理者や現場監督にも休みはありませんでした。当然、ファラオが要求するノルマを達成し、現場監督を満足させなければならなかった奴隷たちにも休みはありませんでした。さらに、「エジプトの神々」もまた、ファラオの要求に応じるために休むことができなかったと推測できます。

(Walter Brueggemann, *Sabbath as Resistance*, p. 4-5)

「エジプトの神々」への言及はブルッゲマン流の皮肉ですが、奴隷たちに休みがなかったのは王であるファラオ自身が奴隷のように働き続けていたからです。奴隷を「休息を奪われた人」と定義するなら、ファラオも、エジプトの神々も奴隷だったのです。

ファラオは食料を貯蔵する倉庫をどれだけ建設すれば、心休まる時を迎えることができたのでしょうか。無数の倉庫に食料をいくら貯蔵しても、「欠乏」への不安感は払拭されることはなかったでしょう。なぜなら、父なる神への「信頼」の欠如が不安感の根源的な原因だったからです。すべての人にいのちを与え、生かしてくださっている天地創造の神、父なる神への信頼こそが「欠乏」への不安を解消し、手を止め、休むことができるのです。

空の鳥

イエスの時代も、「欠乏」への不安が多くの人々の心を支配していました。イエスは、「欠乏」への不安は欠乏そのものからではなく、天地創造の神、父なる神への信頼の欠如から生じていることを指摘しました。エジプトの王もガリラヤ地方の貧しい人々も、この点においては変わりがありませんでした。

「空の鳥を見なさい。種蒔きもせず、刈り入れもせず、倉に納めることもしません。それでも、あなたがたの天の父は養っていてくださいます。あなたがたはその鳥よりも、ずっと価値があるではありませんか。」（マタイ6・26）

ファラオと貧しい人々の決定的な違いは、貧しい人々には明日への蓄えがなかったことです。いつまでたっても「その日暮らし」から抜け出せないのが現状でした。彼らの心は「欠乏」への不安に囚われていました。朝、目が覚めた瞬間から、「何を食べるか」「何を飲むか」「何を着るか」と心配したのです。彼らの魂も休息する日はありませんでした。「欠乏」への不安は命が尽きる瞬間まで魂を疲労させます。イエスはそのような人々に向かって、「空の鳥を見なさい」と言ったのです。その言葉の真意は、「種蒔きもせず、刈り入れもせず、倉に納めることもしない」空の鳥がどのようにして生きているのかを考えてみること、そして、空の鳥を養っておられる父なる神に目を留めることでした。

日常の風景

キリスト教の信仰とは、奇跡の中に神を見いだそうとすることよりも、日常の風景の中に神の働きを見いだすことによって培われていきます。イエスが、「空の鳥を見なさい」と言ったのはそのためです。しかし、イエスのことばを聞いた人々が空の鳥を見つめても、誰ひとりとして驚かなかったでしょう。なぜなら、不安な心は神の働きへの驚きを失っているからです。

宗教的伝統がわれわれのために用意してくれている宝は数多くあるが、驚きという遺産はその一つである。神の意味するものと礼拝の重要性を理解する能力を抑制してしまうもっとも確実な方法は、物事を当たり前のこととして受け取る習慣である。生きているという事実の崇高な驚異に対する無関心こそ罪悪の根元である。（ヘッシェル『人間を探し求める神』六四頁）

日常の風景の中にある神の働きに対して驚きを失った心から、礼拝は生まれなくなります。なぜなら、礼拝には神の働きに対する驚き（sense of WONDER）が欠かせないからです。詩篇の著者は、「わが神　主よ／なんと多いことでしょう。／あなたがなさった奇しいみわざと／私たちへの計らいは。／あなたに並ぶ者はありません。／語ろうとしても　告げようとしても／それはあまりに多くて数えきれません」（詩篇40・5）と驚きを告白しました。イエスが「野の花がどうして育つのか、よく考えなさい」(マタイ6・28)と命じたとき、「今日あっても明日は炉に投げ込まれる野の草さえ、神はこのように装ってくださるのなら、あなたがたには、もっと良くしてくださらないでしょうか。信仰の薄い人たちよ」(6・30)と、日常の風景の中にある神の働きへの驚きを取り戻すことを願ったのです。偉大な奇跡は人々の心を驚かせましたが、礼拝の心を生み出すことはありませんでした。

ヘッシェルは、「生きているという事実の崇高な驚異に対する無関心こそ罪悪の根元である」と厳しい言葉を投げかけました。私たちを生かしてくださっている神の働きに対して驚きを失った無関心さは、礼拝から心を遠ざけるだけでなく、約束の地に背を向ける結末を招きました。民の目には約束の地において神の働きは全く見えず、敵の存在しか目に映らなかったのです。民はエジプトを脱出したことを深く後悔し、モーセとアロンを激しく責めたのです。もし、民が荒野で生かされている事実を当たり前のことのようにではなく、驚きをもって受け止めていたなら、約束の地における神の働きに目が釘付けになったことでしょう。

驚きの思い

『シャバット』の翻訳者、森泉弘次氏は、ヘッシェルが「驚きの思いの哲学者」だと紹介し、

「驚きの思い」という思想について解説しています。

注意すべきことは、ヘッシェルにとって、「驚く」とは、英語でいうI am surprised（びっくりする）（受動態に注意！）ではなく、I wonder（不思議に思う）（能動態！）である。「われわれは驚くという行為（deeds of wonder）を通して驚きの感覚（the sense of wonder）を生きいきと保たなければならない」という言葉に「驚きの哲学者」ヘッシェルの面目が躍如としていると、わたしは思う。（『A・J・ヘッシェルの生涯およびその中心的神学思想の概観』、講演「ヘッシェルの思想について」の要旨と若干の敷衍《ふえん》）

基本的に、私たちは驚きに対して受動的です。「驚かさないで」というように、驚きとは予期しなかったことへの受動的な反応です。もし、信仰の歩みにおいて、「驚きの感覚」が養われないなら、ソロモンが言うように、人生は同じことの繰り返し、「単調な日々」となることでしょう。退屈さに虚しさが入り込み、虚しさを払拭するために刺激を求めるようになります。ソロモンが快楽と事業にのめり込んでいった理由です。ソロモンは快楽だけでなく、仕事にも没頭しました。仕事も虚しさを払拭させる手段と化します。

安息日は生かされている事実に驚きの感覚を取り戻す日なのです。驚きの感覚が養われると、単調な日々は終わりを告げ、毎日が驚きの連続となり、神への礼拝が生き生きとしたものとなります。それは日々の生活の出来事ひとつひとつに霊的な意味づけを与えることではありません。神の働きに目を留め、驚きの感覚を持つことこそ、礼拝の心を養い育てます。同じようで全く違います。

コロンビア・セミナリーの旧約聖書学者ウィリアム・ブラウンは、著書 *Sacred Sense* の中で、聖書を「驚きの感覚」をもって読む習慣が失われていることを憂いています。

残念なことですが、日曜学校であれ、神学校であれ、聖書の御言葉を「変革を生み出す驚嘆」の源として扱われることはありません。それは、驚嘆よりも信仰が優先される傾向が強いからでしょう。願望よりも教義が重視されるからです。しかし、驚嘆を核としない神学は「錆びた遺物」、「役に立たない言葉遊び」でしかないと、個人的に考えています。聖書を通して神についての証言の中心は次のようなものです。神とは驚きのなかで出会う方である。(William P. Brown, *Sacred Sense*, P. 2)

ブラウンの「神とは驚きのなかで出会う」という言葉に心から同意します。

マナ

イスラエルの民がモーセによってエジプト、奴隷の地から連れ出されたとき、荒涼とした荒野を旅することになりました。推定二百万のヘブル人が荒野を旅することは「死のロード」のようです。荒野では作物は育たず、飲み水の確保も困難でした。エジプトを脱出するとき、たくさんの食料を携えていたとしても、すぐに底をついたでしょう。全員が荒野で餓死する恐れがありました。

彼らが「安息の地」を目指し、荒野へと旅立つには、「欠乏」への不安を神にゆだね切ることが不可欠でした。奴隷であった彼らにとって、仕事をせずに養われるという経験は未体験ゾーンでした。生きていく糧を得るために、朝から晩まで身を粉にして働いたのです。しかし、荒野は働いて糧を得る場所でありません。神の恵みによって生かされる場所でした。奴隷の集団から信仰共同体となる場所なのです。

神は、彼らの心に深く根を張った「奴隷の恐れ」を断ち切るために、神によって生かされている、養われているという確信を育むことを願いました。毎朝、神は「マナ」というパンを備えました。神は「毎日、その日の分を集めなければならない」（出エジプト16・4）と命じたのです。マナは保存食ではありませんでした。毎朝、全員の分だけが備えられたのではありません。ある人が多く取っても、他の人の分が減ることはありませんでした。神は、「これは、彼らがわたしのおしえに従って歩むかどうかを試みるためである」（16・4）と言いました。一日分だけを集めるのは、神によって養われているとの信仰を育むためでした。

モーセが一日分だけを集めるように命じたにもかかわらず、明日の分まで集めた人々がいました。次の日、残していたマナに虫がわき、悪臭を放ったのです。荒野で食料は貴重でした。それなのに、次の日に残していたものには虫がわき、悪臭を放ち、取り残された分は熱で溶けてしまいました。なんだか、もったいない気がします。

明日のために残していたマナに虫がわき、悪臭を放ったのは大切な教訓です。人の努力が報われるのは、神の栄光に資するかにかかっています。努力が人の栄光に帰されるなら、素晴らしい功績にも虫がわき、悪臭を放ったマナのようになってしまいます。

イエスが教えてくださった「主の祈り」の中でも、「日ごとの糧」を求めることが教えられています。

私たちの日ごとの糧を、今日もお与えください。（マタイ6・11）

なぜ、イエスは十日間、一か月分、一年分の糧ではなく、「日ごとの糧を、今日もお与えください」と祈ることを教えたのでしょうか。日ごとの糧を求める祈りは、荒野でマナを一日分だけ集めたことにも通じています。人は「欠乏」への不安を解消してくれるものに依存するようになるからです。もし、マナが保存食として備えられたなら、マナが自分たちを養い、生かしてくれていると思い込み、いのちを与え、生かしてくださっている神を忘れていくことでしょう。マナを祀《まつ》る宗教が誕生したかもしれません。神は与えた祝福によって忘れられるのです。これが祝福のジレンマです。

むなしいことと偽りのことばを、
私から遠ざけてください。
貧しさも富も私に与えず、
ただ、私に定められた分の食物で、
私を養ってください。

私が満腹してあなたを否み、
「主とはだれだ」と言わないように。
また、私が貧しくなって盗みをし、
私の神の御名を汚すことのないように。（箴言30・8～9）

六日目、いつもの倍のマナを集めることが許されました（出エジプト16・5）。それは、七日目にマナを集めないためでした。七日目は「集める」日ではなく、「分け与える」日です。

金の子牛

エジプトを旅立ったイスラエルの民がシナイの荒野にたどり着いたとき、神はモーセに契約を授けるためにシナイ山の頂に呼びました。モーセが十戒を授かっているとき、民は山の麓で待っていました。しかし、モーセがなかなか下山してこないことに不安を募らせ、民はモーセの兄アロンのもとへ集まって来ました。

民はアロンに、「さあ、われわれに先立って行く神々を、われわれのために造ってほしい」（出エジプト32・1）と懇願しました。なぜなら、「われわれをエジプトの地から導き上った、あのモーセという者がどうなったのか、分からないから」（32・1）と説明しました。民が「われわれに先立って行く神々」を求めたのは、「先の見通せない不安」を解消するためでした。イスラエルの最初の偶像は、民の不安を解消するために造られたのです。

アロンは民の要求を退けず、「あなたがたの妻や、息子、娘たちの耳にある金の耳輪を外して、私のところに持って来なさい」（32・2）と命じました。なぜ、奴隷であった民が金の装飾品を身につけていたのでしょうか。彼らはエジプト人から略奪したのでしょうか。そうではありません。エジプトを脱出する際、エジプト人たちから「好意の贈り物」として受け取ったのです。「彼らはエジプトからはぎ取った」（12・36）とあります。神は搾取されてきた奴隷たちへの未払いの賃金として与えたのでしょう。この出来事も神が労苦に報いてくださる方であることを示唆しています。

アロンはエジプト人から受け取った装飾品、神の祝福をもって、「金の子牛」を造ったのです。神の祝福が偶像に変わってしまう、これが神のジレンマです。アロンと民は、「イスラエルよ、これがあなたをエジプトの地から導き上った、あなたの神々だ」（32・4）と宣言しました。「金の子牛」はイスラエルの偶像の原型となりました。

アロンは天地万物の神以外の神を偶像として造ったのではありません。彼は、「金の子牛」

を奴隷の地エジプトから救い出した神だと主張したのです。シナイ山でモーセに十戒を授ける神は、自分たちを待たせ、不安にさせる神でした。民が求めたのは、自分たちを待たせない、安心を与えてくれる「われわれに先立って行く神々」でした。「金の子牛」は民の不安を解消し、安心を与える宗教システムとして機能するようになりました。天地創造の神が「お守り」に置き換えられたのです。

安心と安息

小学校のPTA会長を務めたとき、ランドセルに「お守り」を結びつけている児童の多さに驚きました。科学先進国の日本には「お守り」が溢《あふ》れています。お守りの効果を問うことはタブーです。身につけていることで安心するのでしょう。一般論にはなりますが、日本人が宗教に求めているのは「救い」ではなく、「安心」ではないでしょうか。キリスト者にとっても「安心」は偶像となる危険性があります。イスラエルが偶像崇拝に陥ったのは、安息日が約束する安息よりも手軽な安心を慕い求めたことに原因がありました。

預言者エレミヤはバビロン帝国によってユダの首都エルサレムが滅亡（前五八七年）するまでの約四十年間、偶像崇拝を悔い改め、神に立ち返るようにと語り続けました。しかし、ユダ国内の預言者たちは国家存亡の危機にあるにもかかわらず、民の偶像崇拝を責めることも、悔い改めを求めることもしませんでした。神はエレミヤを通して、預言者、祭司たちに対して、「彼らはわたしの民の傷をいいかげんに癒やし、平安がないのに、『平安だ、平安だ』と言っている」（エレミヤ6・14）と責めました。預言者たちは、民が神の安息ではなく、安心を求めたことに対して、神の真理を語らず、「平安だ、平安だ」と気休めを語りました。国家存亡の危機の中にあっても、民が救いではなく、安心を慕い求めたことは驚きであり、また重要な教訓ではないでしょうか。

信仰の旅

主はアブラムに言われた。「あなたは、あなたの土地、あなたの親族、あなたの父の家を離れて、わたしが示す地へ行きなさい。そうすれば、わたしはあなたを大いなる国民とし、あなたを祝福し、あなたの名を大いなるものとする。あなたは祝福となりなさい。」
（創世12・1～2）

アブラハムが神の召しに応答し、神が示される地へと旅したことが、すべてのキリスト者の信仰の歩みの原型です。キリスト者の信仰の歩みもアブラハムの旅と本質的には同じなのです。神は、「あなたは、あなたの土地、あなたの親族、あなたの父の家」を離れることを求めました。アブラハムにとって、「父の家」は安心の象徴であり、将来への保証でした。神がアブラハムに「父の家」を離れることを命じたのは、「安心」の中に留まるかぎり、「神の安息」に入ることができないからです。「安心」から離れ、「神の安息」に入るのが信仰の旅だと言えます。そして神は、「わたしが示す地へ行きなさい」と行き先は告げませんでした。

信仰によって、アブラハムは相続財産として受け取るべき地に出て行くようにと召しを受けたときに、それに従い、どこに行くのかを知らずに出て行きました。（ヘブル11・8）

神がアブラハムに「行き先」を告げなかったのは、信仰の旅は「先の見通せない不安」を同伴者とするからです。信仰の歩みは、「どこに行くのかを知らされない」ということが至極普通のことなのです。この事実に慣れ親しむことが大切です。

私が牧師になることを決意したとき、将来の見通しは全く立っていませんでした。当時、私の通っていた教会はイギリス人女性の宣教師の方が責任者でしたが、牧師ではありませんでした。十数名の小さな教会には、相談する方も、経済的な支援の約束もありませんでした。会社を辞めた次の日、祖母と一緒にＴＶ番組「三時のあなた」を一緒に見ていたとき、「先の見通せない不安」に襲われたことをはっきりと覚えています。しかし、「先の見通せない不安」こそ、信仰の旅の同伴者だったのです。あの日から三十五年以上の歳月が経った今、信仰が強くなったというよりも、「先の見通せない不安」を信仰の旅の同伴者として、仲良くなりました。

安心は不安材料が取り去られることで得られます。しかし、神の安息には、不安や恐れの中で神を信頼することで入ることができるのです。天地万物の神はご自身への「信頼」を通して、「神の安息」に導き入れることを願っているからです。

七年目の休息

エジプトを脱出したイスラエルの民がカナンの地に定住したとき、荒野の七日目のように神への信頼の貯蓄が求められました。七年目ごとに畑を休ませなければなりません。これは大変な戒めです。七年目に種を蒔かなければ、次の年には収穫物はありません。八年目に種を蒔いても、収穫まで食糧がありません。神は、荒野での六日目、いつもの倍のマナを備えたように、六年目には「三年分の収穫を生じさせる」（レビ25・21）と約束しました。

あなたがたが八年目に種を蒔くときにも、前の収穫をなお食べている。九年目まで、その収穫があるまで、なお前のものを食べることができる。(25・22)

なぜ、「三年間のための収穫」なのでしょうか。六年目の収穫分には七、八、九年目の食糧が含まれています。八年目に種を蒔くなら、九年目の食糧は収穫できるはずです。「九年目まで、その収穫があるまで」とあるのは、ヨベルの年(五十年ごとの安息の年)のためです。七年周期の四十九年目の第七の月の一日からヨベルの年が始まります。ヨベルの年が重なると二年間も畑に種を蒔くことができません。ですから、神は三年分の収穫を約束したのです。七年目ごと、五十年に一度のヨベルの年、イスラエルの民は神に信頼の種を蒔くことによって、神への信頼を育みました。安息日は、神の働きに対して信頼の種を蒔く日です。キリスト者の信仰は労苦の実だけでなく、神への信頼の実を食べることによって成長するのです。

畑の休息

荒野の七日目とカナンの地の七年目の安息は、神への信頼を貯蓄することが目的でした。七日目、荒野には集めるマナがありませんでしたが、七年目の畑は種を蒔けば豊かな作物を生じさせました。カナンの地は荒野とは異なり、肥沃な土地でした。肥沃な土地は繁栄をもたらします。

荒野にはなかった誘惑がカナンの地にはありました。エジプトのファラオのように「搾取する者」となる誘惑でした。ファラオの心は欠乏への不安だけでなく、貪欲にも支配されていました。欠乏感と貪欲は仲の良い兄弟です。満たされない心を支配する欠乏感と貪欲は人を搾取する者に変えていきます。

モーセが新しい世代に十戒を授けたとき、先祖がエジプトの地で奴隷であったことを忘れないように命じたのは、奴隷状態に舞い戻らないためだけでなく、搾取する者にならないためでもありました。神は搾取する者を忌み嫌います。しかし、カナンの地に定住したイスラエルの民は七年目にも種を蒔き続け、収穫を刈り取り、搾取する者になりました。

しかし、なぜ、七年目、自分の畑に種を蒔き、収穫することが搾取なのでしょうか。一般的な考えでは搾取とは言えません。しかし、土地は主のものです。民は七年目にも種を蒔くことで土地を私物化したのです。貪欲は神のものを私物化することによって生じます。

第十戒

「あなたの隣人の家を欲してはならない。あなたの隣人の妻、男奴隷、女奴隷、牛、ろば、すべてあなたの隣人のものを欲してはならない。」（出エジプト20・17）

十戒の最後の戒めは「行い」ではなく、「欲してはならない」と心の「欲望」を禁じています。十戒の最後の戒めが心の内面、欲望に向けられているのは、聖書の人間理解に基づいています。十戒全体、神と隣人を愛する戒めを遵守することは、「健全な願い」と深く関わっています。反対に、不健全な願い（欲望）は、十戒全体を破ることにもなると言えます。人がどのような人間になるのかは、何を願って生きているのかによって決まります。人は知識や思想よりも、心の願いに最も影響を受けるからです。

「欲する」というヘブル語はamad、アーマドです。聖書学者パトリック・ミューラーは、「この動詞は過度の、あるいは統制されていない欲望を示し、それが望むものを手に入れるという行為につながります」（Patrick D. Miller, *The Ten Commandments*, p. 390）と説明しています。第十戒で禁じられた「貪欲」は、欲したものを手に入れるという行為につながるものです。

『姦淫《かんいん》してはならない』と言われていたのを、あなたがたは聞いています。しかし、わたしはあなたがたに言います。情欲を抱いて女を見る者はだれでも、心の中ですでに姦淫を犯したのです。」（マタイ5・27〜28）

イエスのことばは誤って理解されることがあります。イエスは情欲を抱いて女性を見ることと＝「姦淫の罪」だと言ったのではありません。この「情欲」は第十戒の「欲する」、アーマドと同じ性質の願いです。

トーマス・ロングは、この「情欲」について、「想像力に根づき、考え、行動を支配し、人間関係を形づくる」と述べています。そのとおりだと思います。願いが想像力に根づくとき、欲するものを頭の中で常に思い描くようになり、願いがどんどん肥大化し、考え方や行動を支配するようになっていきます。この時点では、願いに支配され、願いの奴隷となっています。

ダビデの罪

ヤコブは悪い意味で、欲望がいかに人間関係を破壊するのかについて警告しています。

あなたがたは、欲しても自分のものにならないと、人殺しをします。熱望しても手に入れることができないと、争ったり戦ったりします。自分のものにならないのは、あなたが求めないからです。（ヤコブ４・２）

晩年、ダビデは隣人の妻を欲しがり、姦淫の罪だけでなく、殺人の罪を犯すことにもなりました。ダビデはイスラエル軍がアモン人との戦いに出征しているとき、王宮に残り、退屈していたようです。王宮の屋上から美しい女性が水浴びしているのを見て、その女性が部下ウリヤの妻バテ・シェバと知らされたにもかかわらず、王宮に招き入れ、性的関係を持ちました。バテ・シェバから妊娠の事実を知らされたダビデは狼狽《ろうばい》し、隠蔽《いんぺい》工作を画策するのですが、うまくいきませんでした。最終的には、夫のウリヤを戦地で敵に殺されるように仕向け、死なせたのです。ヤコブが「あなたがたは、欲しても自分のものにならないと、人殺しをします。熱望しても手に入れることができないと、争ったり戦ったりします」と言うとおりです。

ウリヤの死後、ダビデはバテ・シェバを妻として迎えました。真相を知らないイスラエルの民は、戦死した兵士の妻を自分の妻として迎えたダビデの寛大さに感銘を受けたことでしょう。神は預言者ナタンを通して、ダビデの罪を厳しく責めました。神は、「あなたの主君の家を与え、あなたの主君の妻たちをあなたの懐に渡し、イスラエルとユダの家も与えた。それでも少ないというのなら、あなたにもっと多くのものを増し加えたであろう」（Ⅱサムエル12・8）と語ったのです。神はダビデが多くのものを願い求めることを否定しませんでした。これは、非常に大切な点です。神はダビデに、「なぜわたしに求めなかったのか？」と問うたのです。これが、ヤコブが言うところの、「自分のものにならないのは、あなたがたが求めないからです」との意味なのです。

隣人愛の実践

彼らは七年目にも種を蒔くことで、土地を私物化しました。しかし、土地は神の所有物であり、イスラエルの民の共有の財産でした。その事実は、収穫の仕方に顕著に示されました。

あなたがたが自分の土地の収穫を刈り入れるときは、畑の隅々まで刈り尽くしてはならない。収穫した後の落ち穂を拾い集めてはならない。また、あなたのぶどう畑の実を取り尽くしてはならない。あなたのぶどう畑に落ちた実を拾い集めてはならない。それらを貧しい人と寄留者のために残しておかなければならない。わたしはあなたがたの神、主であ

る。（レビ19・9〜10）

毎年の収穫時、神は土地の所有者に対して、畑の収穫を隅々まで刈り取ってはならないと命じました。なぜなら、残された収穫は貧しい人々や在留異国人の食糧となるからです。土地の所有者は、自分の畑の収穫を取り尽くすことで、貧しい人々や在留異国人の食糧を奪うことになるのです。

「わたしはあなたがたの神、主である」とは、「あなたがたはわたしのもの」であるとの主張なのです。イエスが主の祈りの中で、「私たちの日ごとの糧を、今日もお与えください」（マタイ6・11）と「私たちの日ごとの糧」と祈ることにも通じています。ですから、貧しい人に食糧を与えることは、施しというよりも、神の祝福を分かち合うことなのです。この隣人愛の思想は七年目の畑の休息によって強化されました。

しかし、七年目には、その土地をそのまま休ませておかなければならない。民の貧しい人々が食べ、その残りを野の生き物が食べるようにしなければならない。ぶどう畑、オリーブ畑も同様にしなければならない。（出エジプト23・11）

七年目、種を蒔くことがいっさい禁じられたので、畑の収穫物はすべて貧しい人々に分かち合われました。貧しい人々が食べて満ち足りたなら、残ったものは野の獣の食糧となりました。安息日は隣人愛の実践と深く結びついています。安息日は神の祝福を集める日ではなく、分かち合う日です。カナンの地では七年目の土地の休息は厳格に守られませんでした。しかし、ルツがボアズの畑で落ち穂拾いをした事実や、イエスの弟子たちが他人の麦畑の穂を取ったことをパリサイ派の人々が問題視しなかったことからも、安息日の精神が息づいていたことが推測されます。

イスラエル旅行で最も感動したのは、二十一世紀の今でも貧しい人々が他人の畑の収穫物で空腹をしのぐことが社会的に許されていることでした。隣人愛の精神が日常生活に深く浸透していることに深く感銘を受けました。これこそが安息日の精神です。

また、七年目の土地の休息と七日目の安息は、働く者たちの休息でもあります。

あなたも、あなたの息子や娘も、それにあなたの男奴隷や女奴隷、牛、ろば、いかなる家畜も、また、あなたの町囲みの中にいる寄留者も。そうすれば、あなたの男奴隷や女奴隷が、あなたと同じように休むことができる。（申命5・14）

雇用主は、安息日に働き、また七年目に種を蒔くことによって、働く者たちの休息を搾取することになります。

神が「畑の隅々まで刈ってはならない」と命じたのは、社会の片隅にいる人々を排除しないため、また土地の私物化を禁じたからです。

第五章　安息日と仕事

禁じられた仕事

七日目は、あなたの神、主の安息である。あなたはいかなる仕事もしてはならない。あなたも、あなたの息子や娘も、それにあなたの男奴隷や女奴隷、家畜、またあなたの町囲みの中にいる寄留者も。（出エジプト20・10）

安息日には「いかなる仕事もしてはならない」と命じられています。律法の教師、ラビが安息日に禁止する仕事のリストを作成しました。禁止された仕事は三十九に区分され、各区分ごとに細分化されました。ユダヤ教の伝統的な説明では、仕事が三十九に分類された理由として、幕屋の建設の作業が三十九に分類されたためとされています。この禁止リストは二十一世紀の現代にも引き継がれています。区分の一つに「運ぶこと」があります。自宅内で物を運ぶことは許されていますが、公共の場では禁じられています。運搬作業とみなされるからです。

神が安息日に禁じた仕事とは何でしょうか。

ネヘミヤの時代

ネヘミヤがバビロン帝国に破壊されたエルサレムの城壁を再建し終えたとき、民に安息日を覚えることを命じました。

「諸国の民が安息日に商品、あるいはどんな穀物を売りに持って来ても、私たちは安息日や聖なる日には彼らから買わない。また、私たちは七年目には土地を休ませ、あらゆる負債を免除する。」（ネヘミヤ10・31）

ネヘミヤは安息日に商売することを禁じました。そして、七年目ごとに土地を休ませ、負債の免除を命じました。これらの事柄に共通しているのは、安息日に「他者から利益を得る」ことを禁じている点です。なぜなら、安息日は隣人に仕える日だからです。「あなたは自分の利益のために仕事をしてはいけない」と命じられたのです。ネヘミヤの命令は安息日の精神を簡潔に具現化していました。

イスラエルに与えられた安息日の意味とは何でしょうか。安息日は人間の仕事、すなわち六日間の労働の内容を相対化するものです。安息日は人間が地を征服する仕事に完全に取り込まれないように守ってくれ、仕事が人生と一体となり、人生の目的となる歪みに気づかせてくれます。人間は変革している世界との関係において人間らしくなれるのではなく、創造主との祝福された聖なる時間のなかで、神に向かって目を上げたときにのみ人間性が満たされることを知らせています。人間の本質は仕事ではありません。（Henri Blocher, *In the Beginning*, p. 57)

ヘンリー・ブロッハーは安息日に仕事が禁じられたのは、六日間の仕事を相対化するためだと説明しています。相対化とは絶対的な考え方から離れて、物事を客観的に眺めることです。安息日は、いかに人生が仕事と一体化し、人生の目的となっているかに気づかせてくれるのです。仕事に失敗しても人生が終わるわけではないことを、いつも思い出させてくれます。

神は人にエデンの園を豊かに管理する働きを託しましたが、神との断絶後、仕事の本質が「地を征服する仕事」に変わってしまいました。本来、仕事は神と共に働く機会であり、神への礼拝でもありました。

神である主は人を連れて来て、エデンの園に置き、そこを耕させ、また守らせた。（創世2・15）

神は創造した人をエデンの園に置き、そこを耕し、守る仕事を与えました。この「耕す」と訳されたヘブル語（アーバド）は、一般的には「仕える」との意味があります。仕事の本質は、神の被造物、神のもの（人・モノ）を豊かにすることです。被造物を豊かにすることは礼拝のかたちなのです。エデンの園には祭壇はありませんでした。日々、アダムとエバはエデンの園を豊かに保つことを通して神を礼拝していたのです。新しい天と地にも祭壇も神殿もありませんが、神に仕える仕事はあります。

タラントの譬《たと》え

「タラントの譬え」は、仕事の本質が神への礼拝であることを示唆しています。

主人から五タラント、二タラントをゆだねられたしもべたちは、すぐに出かけて行き、商売をして、共に、さらに五タラント、二タラントを儲けました。

長い旅から主人が戻ったとき、しもべたちと清算の時間を持ちました。主人は五タラントを預けたしもべに、「よくやった。良い忠実なしもべだ。おまえはわずかな物に忠実だったから、多くの物を任せよう。主人の喜びをともに喜んでくれ」（マタイ25・21）と忠実な働きを誉め、喜びを分かち合いました。

主人は、自分の財産が増えたことよりも、自分の財産を増やそうとしたしもべの心、礼拝の心を喜んだのです。礼拝者の心とは、礼拝する対象を豊かにしたいとの強い願望です。

その意味では、「耕す」と訳されたアーバドに「礼拝」の意味があることはうなずけます。仕事の究極の目的とは、「主人の喜びをともに喜んでくれ」、神のものを豊かにすることで神の喜びに加えられることです。

Vocation

キリスト教の職業観の根底には、「召命」（Calling）があります。辞書を引くと、「罪の世界に生きていた者が、神に呼出されて救いを与えられるという意味で使われる。（中略）特にカトリック教会においては修道生活や司祭生活への神からの招きをいう。しかし修道者や聖職者が召命を得て神に仕えているというだけでなく、信仰によって生きるキリスト者は、すべて各自にふさわしい使命を与えられると考えた宗教改革者によって、この言葉は新たな意味づけを得、世俗的な職業をも意味して、プロテスタントにおける新しい職業観を形成した」（『ブリタニカ国際大百科事典』）とありました。

私自身の人生を振り返って見ると、今の教会の牧師をしていることが不思議でなりません。米国の神学校に留学する前、父がお世話になったハワイ在住の牧師宅に居候させていただき、語学学校に半年間通いました。帰国直前、その牧師から大阪で牧会している息子さんを手伝ってほしいと頼まれました。たいへんお世話になったこともあり、「はい。喜んでお手伝いさせていただきます」と即答しました。その時は、自分がその教会の牧師に就任するとは思いもしませんでした。あのとき、声をかけていただかなかったなら、留学の準備を理由に断っていたら、今の教会の牧師をしていなかったはずです。まさに、声をかけていただいたことで人生が大きく変わりました。

チャレンジすることが悪いわけではありません。イエスも、「求めなさい。そうすれば与えられます。探しなさい。そうすれば見出します。たたきなさい。そうすれば開かれます」（マタイ7・7）と教えました。しかし、仕事の本質は自己実現、願望実現ではありません。そのような働き方は堕落後の仕事の姿です。極端な例かもしれませんが、アダムには職業選択の自由はありませんでした。神がアダムをエデンの園に置いたのです。

置かれた場所

渡辺和子さんの著書のタイトル『置かれた場所で咲きなさい』は、仕事と神の摂理を見事に表現しています。彼女が大学の学長職を引き受けたとき、宣教師の方が贈ってくださった詩から取られたタイトルです。

Bloom where God has planted you.

今、自分がある場所を神によって置かれた場所と認識する、神の摂理を覚えることは健全です。ただし、劣悪な環境に留まり続けることを強いているのではありません。自分が願った会社でなかったり、希望した職種でなくても、神から託された仕事として受け止めていく姿勢そのものが大切なのでしょう。

フォレドリック・ビークナーが天職との出会いについて説明しています。

天職という言葉はラテン語のvocare、「召される」に由来します。すなわち、神によって人が召された仕事との意味です。いろいろと異なる声があなたを多種多様な仕事へと誘います。（中略）神があなたを呼ばれる場所では、あなたの深い喜びと世界の深い渇望とが出会います。

あなたの召命とは喜びと必要が交差する場所です。あなたの仕事は召命と呼べる条件を満たしていますか。（Frederick Buechner, *Beyond words: Daily Readings in the ABC's of Faith*, pp. 404-405）

「喜びと必要が交差する場所」、この喜びは楽しさとは少し異なると思います。楽しい仕事は素晴らしいと思いますが、心痛を伴う仕事もあります。深い喜びとは仕事が神への礼拝となっていることによって静かにこみ上げてくるものです。

職業観

キリスト者の内的変容が行き詰まる一つの原因が、職業観が世俗的なものから聖書的なものへと刷新されていないことにあります。新生体験後、一週間のうちの六日間の生き方の指針となっている職業観が同じままなら、礼拝出席を重ねても内的変容は力強く進みません。別の言い方をすれば、職業観が聖書の教えに近づく程度に応じて、内的変容は進みます。職業観と礼拝観は両輪のタイヤのようです。礼拝重視、仕事軽視、あるいは礼拝軽視、仕事重視のどちらも、神の心を反映していないどころか、神の心を著しく歪めています。

なぜ、仕事は軽視されるようになったのでしょうか。罪の刑罰と仕事が関連づけられたことに一因があります。

神は罪を犯したアダムに、「あなたが妻の声に聞き従い、食べてはならないとわたしが命じておいた木から食べたので、大地は、あなたのゆえにのろわれる。あなたは一生の間、苦しんでそこから食を得ることになる。大地は、あなたに対して茨とあざみを生えさせ、あなたは野の草を食べる。あなたは、顔に汗を流して糧を得、ついにはその大地に帰る。あなたはそこから取られたのだから。あなたは土のちりだから、土のちりに帰るのだ」（創世3・17〜19）と刑罰を宣告しました。罪の呪いとは「労苦が徒労に終わること」を意味します。ソロモンが告白した「空しさ」とは徒労感です。ソロモンが労苦を憎んだのは、築き上げた働きを後継者の手に託さなければならないからだと語りました。

その者（後継者）が知恵ある者か愚か者か、だれが知るだろうか。しかも、私が日の下で骨折り、知恵を使って行ったすべての労苦を、その者が支配するようになるのだ。これ

もまた空しい。（伝道者2・19）

ソロモンが築き上げたイスラエル王国は、息子レハブアムの愚かな判断によって分裂しました。南北に分裂したイスラエルは弱体化し、滅亡への道をたどりました。彼がライフワークとして建築した神殿も、バビロン帝国によって破壊し尽くされました。仕事が自己実現の手段となっていたなら、「私の人生はいったい何だったのか？」と徒労感に苛《さいな》まれるでしょう。仕事を生活の糧を得る手段と割り切って、趣味の世界や好きなことに生きがいを求める人もいます。しかし、仕事を礼拝として深めることができないのは大きな損失です。ソロモンは充実感を得るために人生の大半を費やすことを「空の空」と嘆いたのです。いずれにせよ、罪によって生じた神との断絶は、神のものを豊かにし、神を礼拝するという仕事本来の目的を喪失させました。

茨とあざみ

大地は、あなたに対して茨とあざみを生えさせ、あなたは野の草を食べる。（創世3・18）

「茨とあざみ」は罪の呪いの象徴です。「あなたは野の草を食べる」（この「野の草」と訳されるヘブル語「エセブ」は草という意味です）、罪の呪いとして、「草を食べる」という表現は、苦しみの本質（報われない苦みを噛みしめながら生きていくこと）を示唆しています。神が天と地を造られたとき、「地にはまだ、野の灌木《かんぼく》もなく、野の草（エセブ）も生えていなかった」（創世2・5）とあります。地は荒涼とした荒野のようでした。なぜなら、まだ神が地に雨を降らせず、「土地を耕す人」もいなかったからです。その後、神は人をちりから造り、エデンの園を設け、人を「土地を耕す人」として置いたのです。

人が労苦の報いとして味わう「野の草」（エセブ）は自然に自生する草ではなく、人が種を蒔かなければ芽を出さない草を指しています。野菜などの植物です。

A・J・スワボダは著書 *Subversive Sabbath* の中で「エセブ」が一年草だと指摘しています。

植物という言葉に注目してください。ヘブライ語ではエセブと言います。この言葉は、一年草、つまり毎年植える必要のある植物を意味します。一年草は毎年枯れてしまいます。多年草は植え替えなくても毎年実を結ぶ植物のことです。私は以前から、神がエデンに植えられた食物は、毎年復活する多年草だけだったのではないかと考えていました。リンゴ、アスパラガス、オレンジ、ザクロなど、毎年実を結ぶ多年草だけが食べ物だったのです。エデンには木がありました。木は毎年、毎年、食べ物を実らせます。その景色の中に神の備えが見えるのです。しかし、エデンの園を追放された人類は一年草に頼って生きていくことになります。アダムとエバは、神が植えた多年草の庭ではなく、毎年枯れてしまう植物を自分たちで育てなければならなくなったのです。一年草は故郷を離れた人たちの姿なのです。（P. 30）

労苦の実が一年草というのはとても分かりやすい。人は自分の労苦の実だけを食べて生きていかなければならなくなったのです。そんなことは当たり前、仕事はつらく、苦しいものだと言われるかもしれません。確かに、仕事は骨折る作業でもあります。過酷な労働環境で働いておられる方も、責任の重圧から精神的な負担に苦しむ人も少なくありません。仕事の人間関係もストレスの要因になります。「茨とあざみ」は至る所に生じてきます。しかし、福音は魂の救い、体の贖いだけでなく、罪の刑罰として呪われた地を祝福の地に変えてくださいます。

キリストは、ご自分が私たちのためにのろわれた者となることで、私たちを律法ののろいから贖い出してくださいました。「木にかけられた者はみな、のろわれている」と書いてあるからです。（ガラテヤ３・13）

イエスの十字架の死は、罪の呪いから贖うための代償です。イエスの頭に被せられた茨の冠は、罪の呪いの象徴です。茨は一年草です。イエスの働きは十字架の死によって徒労に終わったかのようでした。弟子たちも十字架に釘付けされたイエスの姿に深く失望し、離れていきました。すべての労苦が水泡に帰したかのようでした。しかし、イエスは復活し、罪の呪いを断ち切ってくださったのです。人は労苦の実だけでなく、神の祝福（エセブ）にあずかることができるようになったのです。

奴隷たち

イエスを信じた奴隷たちの間に不満が募っていきました。パウロは、「ユダヤ人もギリシア人もなく、奴隷も自由人もなく、男と女もありません。あなたがたはみな、キリスト・イエスにあって一つだからです」（ガラテヤ３・28）と説きました。福音は「奴隷も自由人もない」と宣言するのに、奴隷制度が廃止されないことに不満を募らせたのです。ある者たちは奴隷制度が廃止されなくても、主人がキリスト者となったなら、奴隷の立場から自由にされるべきだと主張しました。

しかし、パウロは、「奴隷たちよ。キリストに従うように、恐れおののいて真心から地上の主人に従いなさい」（エペソ6・5）と命じました。7節でも、「人にではなく主に仕えるように、喜んで仕えなさい」と勧めています。福音を受け入れた奴隷たちに向かって、キリストに仕える心をもって仕事に従事することを命じました。奴隷としての立場や仕事内容は全く変わらないのですが、仕事の意味が変わりました。奴隷の仕事であっても、神に仕える礼拝という目的を取り戻したのです。

そして、パウロは主人たちにも、「主人たちよ。あなたがたも奴隷に対して同じようにしなさい。脅すことはやめなさい。あなたがたは、彼らの主、またあなたがたの主が天におられ、主は人を差別なさらないことを知っているのです」（6・9）と奴隷たちの主がイエスであることを認め、へりくだってイエスに仕えるように奴隷に接するようにと命じたのです。

ポール・スティーヴンスは「仕事は神に属し、神を敬い、神の目的に投資することの意味の一部なのです。仕事は人間の発明ではありません。それは神の召命であり、創造主を模倣し、似せる方法なのです」(Paul Stevens, *Work Matter*, p. 17) と述べています。

仕事は神の召命であり、神から依頼された働きです。そして仕事の目的は、人を本来の姿、神の似姿へと変えるのを助けることです。

神との協働

主が家を建てるのでなければ
建てる者の働きはむなしい。
主が町を守るのでなければ
守る者の見張りはむなしい。(詩篇127・1)

ソロモンも、仕事が神との共同作業でなくなるとき、生きるための糧を得る手段となり、虚しさの源泉になると告白しています。彼の心に満足を与えてくれた仕事が、いつしか虚しさの源泉になってしまったのです。

ソロモンは、イスラエルの王となったとき、偉大な父ダビデが成し遂げられなかった神殿建設に着手しました。二十万人以上の労働者と膨大な国家予算を惜しみなくつぎ込んで、壮大な神殿、ソロモン神殿を完成させました。

ソロモンは、自分が建てた神殿が、いつかは誰かの手によって破壊されることを憂いて、虚しいと告白しているのではありません。確かに、彼は自分の功績が他の人によって無駄にされることも虚しいとは言っていますが、ここで彼が言う虚しさとは「神と共に働く」という本来の仕事の意味を見失った、「意味の喪失」という虚しさなのです。

　ですから、私の愛する兄弟たち。堅く立って、動かされることなく、いつも主のわざに励みなさい。あなたがたは、自分たちの労苦が主にあって無駄でないことを知っているのですから。（Ｉコリント15・58）

最終章

休息する礼拝者

今日、休息することを仕事に対して補完的な立場に貶《おとし》めているのは「神のようになろうとする」願望ではないでしょうか。

ヨゼフ・ピーパーの言葉を少し長くなりますが引用します。

「苦労することは善だ」という見解に対して、トマス・アクィナスは「神学大全」においてつぎのテーゼを立てています。「善の本質はそれが到達困難であることのうちにではなく、むしろそれが善であることのうちに見出される」したがって「より困難なことをすればそれだけ大きな公徳があるというわけではない。むしろ、より困難なことが、それが同時に、より高い意味で善であるときはじめて、より大きな功徳があるのだ。」（ヨゼフ・ピーパー『余暇と祝祭』四五〜四六頁）

カントが強く主張した「苦労することは善だ」という考えは、今日に至るまで強い影響力を維持しているようです。これが、「疲れの偶像化」を生み出す精神的土壌なのでしょう。ヨゼフはキリスト者にもこの思想が強く影響していることを指摘しています。

たとえば、平均的なキリスト教徒が敵を愛することは非常に大きな愛だ、と考えるのはどんな理由によるのでしょうか。それは何よりも、敵を愛するためには、私たちの自然の営み――敵に対する憎しみ、怒り、嫌悪など――英雄的な努力でもって克服しなければならない、ということです。つまり、敵を愛することは至難のわざである、否、ほとんど不可能である。だからこそ、それは大きな愛だと考えるのがふつうです。ところが、トマスはこう言っています。「敵を愛することに功徳があるのは、そうすることが困難だからではない。むしろ、当の愛がそこでの困難に打ち克つほどに完全なものであるからこそ、功徳があるものとなるのだ。したがって、この場合の愛が、そこでの困難を完全に打ち消してしまうほどに完全であったなら、――つまり苦労なしに敵を愛することができたなら――そのときに、愛はもっと功徳のあるものとなるだろう」（四六〜四七頁）

安息日は、「あなたは神ではない」「神は十分なお方である」とのメッセージをへりくだって受け取る日です。キリスト者の健全なアイデンティティは、「私は神ではない」という否定的なアイデンティティを強固にすることによって形成されていきます。安息日はその真理を観念的にだけでなく、身体的にも教えてくれるのです。キリスト者は労苦することだけでなく、休息することによって神を崇《あが》めることができるのです。いや、休息するキリスト者こそ、真の礼拝者なのではないでしょうか。

あとがき

國分功一郎氏は著書『暇と退屈の倫理学』の中で、米国の自動車王と呼ばれたヘンリー・フォードが労働者から暴利を貪る最適な方法は労働者をこき使うのではなく、適度の休暇を与えることだと気づき、新しい生産体制を築き、大成功を収めたことに言及しています。

このような生産体制においては、休暇は労働の一部だということである。休暇は労働のための準備期間である。労働はいわば、工場のなかだけでなく工場の外へも「休暇」という形で続くようになったのである。余暇は資本の倫理のなかにがっちりと組み込まれている。昔、栄養ドリンクのCMで、「二十四時間働けますか？」というキャッチコピーがあったが、まさしくそれである。工場だけでなく、工場の外でも、休暇という形で働かなければならない。（一四二〜一四三頁）

キリスト者も例外なく資本の倫理の中に組み込まれています。安息日はキリスト者の魂と体を解放する神の恩寵《おんちょう》です。天地万物の神を信仰の対象として生きる人生から神への礼拝を中心とした生き方へと導き入れてくれます。私を含め、一人でも多くのキリスト者が安息日の祝福にあずかれることを願ってやみません。一週間に一日、「二十四時間休めますか？」

二〇二二年十一月

イエスと共に過ごす安息日

2023 年 1 月 20 日発行

著　者　豊田信行
印刷・製本　日本ハイコム株式会社
発　行　いのちのことば社
164-0001 東京都中野区中野 2-1-5
TEL 03-5341-6920
FAX 03-5341-6921
e-mail：support@wlpm.or.jp
ホームページ http://www.wlpm.or.jp/
新刊情報はこちら

乱丁落丁はお取り替えします　Printed in Japan

ISBN978-4-264-04395-9